B. GL. 1973

LA COMTESSE
DE CHARNY

PAR

ALEXANDRE DUMAS.

6

PARIS
ALEXANDRE CADOT, ÉDITEUR,
37, RUE SERPENTE.
1852

LA COMTESSE DE CHARNY.

Ouvrages du Marquis de Feudras.

EN VENTE.

Le Chevalier d'Estagnol	6 vol.
Diane et Vénus	4 vol.
Madeleine Repentante (suite du Caprice). . .	4 vol.
Un Caprice de grande dame (in-18)	3 vol.
Un Capitaine de Beauvoisis	4 vol.
Jacques de Branćlon	5 vol.
Les Gentilshommes chasseurs	2 vol.
Les Viveurs d'autrefois	4 vol.
Les Chevaliers du Lansquenet	10 vol.
Madame de Miremont	2 vol.
Lord Algernon (suite de madame de Miremont) . .	4 vol.
Lilia la Tyrolienne (épuisé)	4 vol.
Tristan de Beauregard (épuisé)	4 vol.
Suzanne d'Estouville (épuisé)	4 vol.
La comtesse Alvinzi	2 vol.
Le Capitaine La Curée	4 vol.

Sous presse.
Un Drame en famille.

Ouvrages de A. de Gondrecourt.

EN VENTE

Aventures du Chevalier de Pampelonne .	5 vol.
La Tour de Dago	5 vol.
Le Bout de l'oreille	7 vol.
Le Légataire	2 vol.
Les Péchés mignons	5 vol.
Médine	2 vol.
La Marquise de Candeuil	2 vol.
Un Ami diabolique	3 vol.
Les derniers Kerven	2 vol.

Sous presse.
Mémoires d'un vieux Garçon

Ouvrage d'Alexandre Dumas.

LA COMTESSE DE SALISBURY.
6 volumes in-8.

On vend séparément les derniers volumes pour compléter la première édition.

Imprimerie de E. Dépée, à Sceaux.

LA COMTESSE
DE CHARNY

PAR

ALEXANDRE DUMAS.

6

PARIS
ALEXANDRE CADOT, ÉDITEUR,
37, RUE SERPENTE.

1852

I

Pitou garde-malade.

Pitou était fort étonné d'être bon à quelque chose au docteur Raynal; mais il eût été bien plus étonné encore si celui-ci lui eût dit que c'était plutôt un secours moral qu'un secours physique qu'il attendait de lui auprès de la malade.

En effet, le docteur avait remarqué que, dans son délire, Catherine accolait presque toujours le nom de Pitou à celui d'Isidore; — c'étaient, on s'en souviendra, les deux dernières figures qui avaient dû rester dans l'esprit de la jeune fille; Isidore, quand elle avait fermé les yeux; Pitou, quand elle les avait rouverts.

Cependant, comme la malade ne prononçait pas ces deux noms avec le même accent, et que le docteur Raynal, non moins observateur que son illustre homonyme l'auteur de l'*Histoire philosophique de l'Inde,* s'était promptement dit à lui-même qu'entre ces deux noms, *Isidore de Charny* et *Ange Pitou,* prononcés avec un accent différent, mais cependant expressif, par une jeune fille, le nom d'Ange Pitou devait être celui de l'ami, et le nom d'Isidore de Charny celui de l'amant, non-seulement il n'avait vu aucun inconvénient, mais encore il avait vu un avantage à introduire près de la malade un ami avec lequel elle pût parler de son amant.

Car, pour le docteur Raynal, et quoique nous ne veuillions rien lui ôter de sa perspicacité, nous nous hâterons de dire que c'était chose facile; car, pour le docteur Raynal, tout était aussi clair que le jour, et il n'avait eu, comme dans les causes où les médecins font de la médecine légale, qu'à grouper les faits pour que la vérité tout entière apparût à ses yeux.

Tout le monde savait à Villers-Cotterets que, dans la nuit du 5 au 6 octobre, Georges de Charny avait été tué à Versailles, et que, dans la soirée du lendemain, son frère Isidore, mandé par le comte de Charny, était parti pour Paris.

Or, Pitou avait trouvé Catherine évanouie sur le chemin de Boursonne ; il l'avait rapportée sans connaissance à la ferme ; à la suite de cet évènement, la jeune fille avait été prise de la fièvre cérébrale ; cette fièvre cérébrale avait amené le délire ; dans ce délire, elle s'efforçait de retenir un fugitif, et ce fugitif elle l'appelait Isidore.

On voit donc que c'était chose facile au docteur de deviner le secret de la maladie de Catherine, qui n'était autre que le secret de son cœur.

Dans cette conjoncture, le docteur s'était fait ce raisonnement :

Le premier besoin d'un malade pris par le cerveau est le calme.

Qui peut amener le calme dans le cœur de Catherine ? c'est d'apprendre ce qu'est devenu son amant.

A qui peut-elle demander des nouvelles de son amant ? à celui qui peut en savoir.

Et quel est celui qui peut en savoir ? Pitou, qui arrive de Paris.

Le raisonnement était à la fois simple et logique ; aussi le docteur l'avait-il fait sans aucun effort.

Cependant, ce fut bien à l'office d'aide-chirurgien qu'il occupa d'abord Pitou. Seulement, pour cet office, il eût parfaitement pu se passer de lui, attendu que c'était, non pas une saignée à faire, mais simplement l'ancienne à rouvrir.

Le docteur tira doucement le bras de Catherine hors du lit, enleva le tampon qui comprimait la cicatrice, écarta les chairs mal jointes avec les deux pouces, et le sang jaillit.

En voyant ce sang pour lequel il eût avec joie donné le sien, Pitou sentit les forces lui manquer.

Il alla s'asseoir dans le fauteuil de madame Clément, les mains sur les yeux, sanglotant, et, à chaque sanglot, tirant du fond de son cœur ces mots :

— Oh! mademoiselle Catherine!..... pauvre mademoiselle Catherine!...

Et, à chacun de ces mots, il se disait mentalement à lui-même, par ce double travail de l'esprit qui opère à la fois sur le présent et sur le passé :

— Oh! bien certainement qu'elle aime M. Isidore plus que je ne l'aime elle-même! bien certainement qu'elle souffre plus que je n'ai jamais souffert, puisqu'on est obligé de la saigner parce qu'elle a la fièvre cérébrale et le délire, deux choses fort désagréables à avoir, et que je n'ai jamais eues.

Et, tout en tirant deux palettes de sang à Catherine, le docteur Raynal, qui ne perdait pas de vue Pitou, se félicitait d'avoir si bien deviné que la malade avait en lui un ami dévoué.

Comme l'avait pensé le docteur, cette petite émission de sang calma la fièvre ; les artères des tempes battirent plus doucement ; la poitrine se dégagea ; la respiration, qui était sifflante, redevint douce et égale ; le pouls tomba, de cent dix pulsations, à quatre-vingt-cinq, et tout indiqua pour Catherine une nuit assez tranquille.

Le docteur Raynal respira donc à son tour. Il fit à madame Clément les recommandations nécessaires, et, entre autres, cette recommandation étrange de dormir deux ou trois heures, tandis que Pitou veillerait à sa place ; et, faisant signe à Pitou de le suivre, il rentra dans la cuisine.

Pitou suivit le docteur, qui trouva la mère Billot ensevelie dans l'ombre du manteau de la cheminée.

La pauvre femme était tellement abasourdie, qu'à peine put-elle comprendre ce que lui disait le docteur.

C'étaient, cependant, de bonnes paroles pour le cœur d'une mère.

— Allons, allons, du courage, mère Billot! dit le docteur ; cela va aussi bien que cela peut aller.

La bonne femme sembla revenir de l'autre monde.

— Oh! cher monsieur Raynal, est-ce bien vrai, ce que vous dites là?

— Oui..... la nuit ne sera pas mauvaise... Ne vous inquiétez pas, pourtant, si vous entendiez encore quelques cris dans la chambre de votre fille, et surtout n'y entrez pas.

— Mon Dieu! mon Dieu! dit la mère

Billot avec un accent de profonde douleur, c'est bien triste qu'une mère ne puisse pas entrer dans la chambre de sa fille.

— Que voulez-vous, dit le docteur, c'est ma prescription absolue... ni vous, ni M. Billot.

— Mais qui donc va avoir soin de ma pauvre enfant?

— Soyez tranquille, vous avez pour cela madame Clément et Pitou.

— Comment, Pitou?

— Oui, j'ai reconnu en lui tout à l'heure d'admirables dispositions à la médecine. Je l'emmène à Villers-Cotterets, où je vais faire préparer une potion par le pharmacien ; Pitou rapportera la potion ; madame Clément la fera prendre à la malade cuillerée par cuillerée, et, s'il survenait quelque accident, Pitou, qui veillera Catherine avec madame Clément, prendrait ses longues jambes à son cou, et serait chez moi en dix minutes... N'est-ce pas, Pitou ?

— En cinq, monsieur Raynal, dit Pitou avec une confiance en lui-même qui ne devait laisser aucun doute dans l'esprit de ses auditeurs.

— Vous voyez, madame Billot, dit le docteur Raynal.

— Eh bien, soit, dit la mère Billot, cela

ira ainsi; seulement, dites un mot de votre espoir au pauvre père.

— Où est-il ? demanda le docteur.

— Ici, dans la chambre à côté.

— Inutile, dit une voix du seuil de la porte, j'ai tout entendu.

Et, en effet, les trois interlocuteurs, qui se retournèrent en tressaillant à cette réponse inattendue, virent le fermier pâle et debout dans l'encadrement sombre.

Puis, comme si c'eût été tout ce qu'il avait à écouter et à dire, Billot rentra chez lui, ne faisant aucune observation sur les arrangements pris pour la nuit par le docteur Raynal.

Pitou tint parole ; au bout d'un quart d'heure, il était de retour avec la potion calmante ornée de son étiquette, et assurée par le cachet de maître Pacquenaud, docteur pharmacien de père en fils à Villers-Cotterets.

Le messager traversa la cuisine, et entra dans la chambre de Catherine, non-seulement sans empêchement aucun, mais encore sans autre allocution faite de la part de personne que ces mots qui lui furent adressés par madame Billot.

— Ah ! c'est toi, Pitou ?

Et sans autre réponse de lui que celle-ci :

— Oui, mam' Billot.

Catherine dormait, comme l'avait prévu le docteur Raynal, d'un sommeil assez calme; auprès d'elle, étendue dans un grand fauteuil, et les pieds sur les chenets, se tenait la garde-malade, en proie à cet état de somnolence particulier à cette honorable classe de la société, qui, n'ayant pas le droit de dormir tout à fait, ni la force de rester bien éveillée, semble, comme ces âmes à qui il est défendu de descendre jusqu'aux Champs-Elysées, et qui ne peuvent remonter jusqu'au jour, errer éternellement sur les limites de la veille et du sommeil.

Elle reçut, dans cet état de somnambulisme habituel, le flacon des mains de

Pitou, le déboucha, le posa sur la table de nuit, et plaça tout auprès la cuillère d'argent, afin que la malade attendît le moins longtemps possible à l'heure du besoin.

Puis elle alla s'étendre sur son fauteuil.

Quant à Pitou, il s'assit sur le rebord de la fenêtre, pour voir Catherine tout à son aise.

Le sentiment de miséricorde qui l'avait pris en songeant à Catherine n'avait pas, comme on le comprend bien, diminué en la voyant. Maintenant qu'il lui était permis, pour ainsi dire, de toucher le mal du doigt, et de juger quel terrible ravage pouvait faire cette chose abstraite qu'on appelle l'amour, il était plus que jamais disposé à sacrifier son amour, à lui, qui lui paraissait de si facile composition auprès de cet amour exigeant, fiévreux, terrible, dont lui semblait atteinte la jeune fille.

Ces pensées le mettaient insensiblement dans la disposition d'esprit où il avait besoin d'être pour favoriser le plan du docteur Raynal.

En effet, le brave homme avait pensé que le remède dont avait surtout besoin Catherine était ce topique que l'on appelle un confident.

Ce n'était peut-être pas un grand médecin, mais c'était, à coup sûr, comme nous l'avons dit, un grand observateur que le docteur Raynal.

Une heure environ après la rentrée de Pitou, Catherine s'agita, poussa un soupir, et ouvrit les yeux.

Il faut rendre cette justice à madame Clément qu'au premier mouvement qu'avait fait la malade, elle était debout près d'elle, balbutiant :

— Me voilà, mademoiselle Catherine ; que désirez-vous ?

— J'ai soif, murmura la malade revenant à la vie par une douleur physique, et au sentiment par un besoin matériel.

Madame Clément versa dans la cuillère quelques gouttes du calmant apporté par Pitou, introduisit la cuillère entre les lèvres sèches et les dents serrées de Catherine, qui machinalement avala la liqueur adoucissante.

Puis, Catherine retomba la tête sur son oreiller, et madame Clément, satisfaite de la conviction d'un devoir rempli, alla s'étendre de **nouveau sur** son fauteuil.

Pitou poussa un soupir : il croyait que Catherine ne l'avait pas même vu.

Pitou se trompait : quand il avait aidé madame Clément à la soulever, en buvant les quelques gouttes du breuvage, en se laissant tomber sur son oreiller, Catherine avait entr'ouvert les yeux, et, de ce regard morbide qui avait glissé entre ses paupières, elle avait cru apercevoir Pitou.

Mais, dans le délire de la fièvre qui la tenait depuis trois jours, elle avait vu tant de fantômes qui n'avaient fait qu'apparaître et s'évanouir, qu'elle traita le Pitou réel comme un Pitou fantastique.

Le soupir que venait de pousser le pauvre garçon n'était donc pas tout à fait exagéré.

Cependant, l'apparition de cet ancien

ami, pour lequel Catherine avait été parfois si injuste, avait fait sur la malade une impression plus profonde que les précédentes, et, quoiqu'elle restât les yeux fermés, il lui semblait, avec un esprit, du reste, plus calme et moins fiévreux, voir devant elle le brave voyageur que le fil si souvent brisé de ses idées lui représentait comme étant près de son père à Paris.

Il en résulta que, tourmentée de l'idée que, cette fois, Pitou était une réalité, et non une évocation de la fièvre, elle rouvrit timidement les yeux, et chercha si celui qu'elle avait vu était toujours à la même place.

Il va sans dire qu'il n'avait pas bougé.

En voyant les yeux de Catherine se rouvrir et s'arrêter sur lui, le visage de Pitou s'était illuminé ; en voyant ces yeux se reprendre à la vie et à l'intelligence, Pitou étendit les bras.

— Pitou ! murmura la malade.

— Mademoiselle Catherine ! s'écria Pitou.

— Hein ! fit madame Clément en se retournant.

Catherine jeta un regard inquiet sur la garde-malade, et laissa retomber avec un soupir sa tête sur l'oreiller.

Pitou devina que la présence de madame Clément gênait Catherine.

Il alla à elle.

— Madame Clément, lui dit-il tout bas, ne vous privez pas de dormir ; vous savez bien que M. Raynal m'a fait rester pour veiller mademoiselle Catherine, et afin que vous pussiez prendre un instant de repos pendant ce temps-là.

— Ah! oui, c'est vrai, dit madame Clément.

Et, en effet, comme si elle n'eût attendu que cette permission, la pauvre femme s'affaissa dans son fauteuil, poussa un soupir à son tour, et, après un instant de silence, indiqua, — par un ronflement timide d'abord, mais qui, s'enhardissant de plus en plus, finit, au bout de quelques minutes, par dominer entièrement la situation, — qu'elle entrait à pleines voiles dans le pays enchanté du sommeil, qu'elle ne parcourait ordinairement qu'en rêve.

Catherine avait suivi le mouvement de Pitou avec un certain étonnement, et, avec l'acuité de sens particulière aux malades, elle n'avait pas perdu un mot de ce que Pitou avait dit à madame Clément.

Pitou demeura un instant près de la garde-malade, comme pour s'assurer que son sommeil était bien réel, puis, lorsqu'il n'eut plus aucun doute à cet égard, il s'approcha de Catherine, et, secouant la tête et laissant tomber ses bras :

— Ah ! mademoiselle Catherine, dit-il, je savais bien que vous l'aimiez, mais je ne savais pas que vous l'aimiez tant que cela !

II

Pitou confident.

Pitou prononça ces paroles de telle façon, que Catherine y put voir tout à la fois l'expression d'une grande douleur et la preuve d'une grande bonté.

Ces deux sentiments émanés en même temps du cœur du brave garçon qui la regardait d'un œil si triste touchèrent la malade à un degré égal.

Tant qu'Isidore avait habité Boursonne, tant qu'elle avait senti son amant à trois quarts de lieue d'elle, tant qu'elle avait été heureuse, enfin, Catherine, sauf quelques petites contrariétés soulevées par la persistance de Pitou à l'accompagner dans ses courses, sauf quelques légères inquiétudes causées par certains paragraphes des lettres de son père, Catherine, disons-nous, avait enfoui son amour en elle-même, comme un trésor dont elle se fût bien gardée de laisser tomber la moindre obole dans un autre cœur que le sien ; mais, Isidore parti ; mais Catherine esseulée ; mais, le malheur se substituant à la félicité, la pauvre enfant cherchait en vain un courage égal à son égoïsme, et elle comprenait qu'il y aurait pour elle un grand soulagement à rencontrer quelqu'un avec qui elle pût parler du beau gentilhomme qui venait de la quitter, sans avoir rien pu lui dire de positif sur l'époque de son retour.

Or, elle ne pouvait parler d'Isidore ni à madame Clément, ni au docteur Raynal, ni à sa mère, et elle souffrait vivement d'être condamnée à ce silence, quand tout à coup, au moment où elle s'en doutait le moins, la providence mettait devant ses yeux, qu'elle venait de rouvrir à la vie et à la raison, un ami dont elle avait pu douter un instant lorsqu'il s'était tû, mais dont elle ne pouvait plus douter aux premières paroles qu'il prononçait.

Aussi, à ces mots de compassion si péniblement échappés au cœur du neveu de la tante Angélique, Catherine répondit-elle sans chercher le moins du monde à cacher ses sentiments :

— Ah! monsieur Pitou, je suis bien malheureuse, allez !

Dès lors, la digue était rompue d'un côté, et le courant établi de l'autre.

— En tout cas, mademoiselle Catherine, continua Pitou, quoique ça ne me fasse pas grand plaisir de parler de M. Isidore, si ça doit vous être agréable, à vous, je puis vous donner de ses nouvelles.

— Toi ? demanda Catherine.

— Oui, moi, dit Pitou.

— Tu l'as donc vu ?

— Non, mademoiselle Catherine; mais je sais qu'il est arrivé en bonne santé à Paris.

Catherine fit un effort, se souleva sur son coude, et, regardant Pitou :

— Et comment savez-vous cela ? demanda-t-elle le regard tout brillant d'amour.

Ce regard fit pousser un gros soupir à Pitou; mais il n'en répondit pas moins avec sa conscience ordinaire :

— Je sais cela, mademoiselle, par mon jeune ami Sébastien Gilbert, que M. Isidore a rencontré de nuit un peu au-dessus de la Fontaine-Eau-Claire, et qu'il a amené en croupe à Paris.

— Ainsi, demanda vivement Catherine, il est à Paris?

— C'est-à-dire, objecta Pitou, il ne doit plus y être à présent.

— Et où doit-il être? fit languissamment la jeune fille.

— Je ne sais pas... Ce que je sais seulement, c'est qu'il devait partir en mission pour l'Espagne ou pour l'Italie.

Catherine, à ce mot *partir*, laissa retomber sa tête sur son oreiller avec un soupir qui fut bientôt suivi d'abondantes larmes.

— Mademoiselle, dit Pitou, à qui cette douleur de Catherine brisait le cœur, si vous tenez absolument à savoir où il est, je puis m'en informer.

— A qui ? demanda Catherine.

— A M. le docteur Gilbert, qui l'avait quitté aux Tuileries... ou bien encore, si vous aimez mieux, ajouta Pitou en voyant que Catherine secouait la tête en signe de remerciement négatif, je puis retourner à Paris, et prendre des renseignements... Oh! mon Dieu, ce sera bien vite fait; c'est l'affaire de vingt-quatre heures.

Catherine étendit sa main fiévreuse et la présenta à Pitou, qui, ne devinant pas la faveur qui lui était accordée, ne se permit pas de la toucher.

— Eh bien, monsieur Pitou, lui demanda Catherine en souriant, est-ce que vous avez peur d'attraper ma fièvre?

— Oh! excusez, mademoiselle Catherine, dit Pitou pressant la main moite et humide de la jeune fille entre ses deux grosses mains, c'est que je ne comprenais pas, voyez-vous... Ainsi, vous acceptez?

— Non, au contraire, Pitou, je te remercie... c'est inutile ; il est impossible que je ne reçoive pas une lettre de lui demain matin.

— Une lettre de lui? dit vivement Pitou ; puis il s'arrêta comme regardant avec inquiétude autour de lui.

— Eh bien, oui, une lettre de lui, dit Catherine cherchant elle-même du regard la cause qui pouvait troubler ainsi l'âme placide de son interlocuteur.

— Une lettre de lui !... Ah ! diable ! répéta Pitou en se mordant les ongles comme fait un homme embarrassé.

— Mais, sans doute, une lettre de lui... Que trouvez-vous d'étonnant à ce qu'il m'écrive, reprit Catherine, vous qui savez tout... ou, ajouta-t-elle à voix basse, à peu près tout?

— Je ne trouve pas étonnant qu'il vous écrive... S'il m'était permis de vous écrire, Dieu sait que je vous écrirais bien aussi, moi, et de longues lettres même!... Mais j'ai peur...

— Peur de quoi, mon ami?

— Que la lettre de M. Isidore ne tombe entre les mains de votre père.

— De mon père ?

Pitou fit de la tête un triple signe qui voulait dire trois fois : « Oui ! »

— Comment, de mon père ? demanda Catherine, de plus en plus étonnée ; mon père n'est-il pas à Paris ?

— Votre père est à Pisseleu, mademoiselle Catherine, à la ferme, ici, dans la chambre à côté... Seulement, M. Raynal lui a défendu d'entrer dans votre chambre, à cause du délire, a-t-il dit, et je crois qu'il a bien fait.

— Et pourquoi a-t-il bien fait ?

— Mais parce que M. Billot ne me paraît pas tendre à l'endroit de M. Isidore, et que, pour une fois que vous avez prononcé son nom et qu'il l'a entendu, il a fait une rude grimace, je vous en réponds!

— Oh! mon Dieu! mon Dieu! murmura Catherine toute frissonnante, que me dites-vous là, monsieur Pitou?

— La vérité... Je l'ai même entendu grommeler entre ses dents : « C'est bien, c'est bien, on ne dira rien tant qu'elle sera malade ; mais, après, on verra! »

— Monsieur Pitou, dit Catherine en saisissant, cette fois, la main de Pitou avec un geste si véhément, que ce fut au brave garçon de tressaillir à son tour.

— Mademoiselle Catherine, répondit-il.

— Vous avez raison, il ne faut pas que ses lettres tombent entre les mains de mon père... il me tuerait !

— Vous voyez bien ! vous voyez bien ! dit Pitou. C'est qu'il n'entend pas raison sur la bagatelle, le père Billot !

— Mais comment faire ?

— Dame, indiquez-moi cela, mademoiselle.

— Il y a bien un moyen...

— Alors, dit Pitou, s'il y a un moyen, il faut l'employer.

— Mais je n'ose, dit Catherine.

— Comment, vous n'osez?

— Je n'ose vous dire ce qu'il vous faudrait faire.

— Quoi! le moyen dépend de moi, et vous n'osez pas me le dire?

— Dame! monsieur Pitou.

— Ah! fit Pitou, ce n'est pas bien, mademoiselle Catherine, et je n'aurais pas cru que vous eussiez manqué de confiance en moi.

— Je ne manque pas de confiance en toi, mon cher Pitou, dit Catherine.

— Ah ! à la bonne heure ! répondit Pitou, doucement caressé par la familiarité croissante de Catherine.

— Mais ?...

— Mais ce sera bien de la peine pour toi, mon ami.

— Oh ! si ce n'est que de la peine pour moi, dit Pitou, il ne faut pas vous embarrasser de cela, mademoiselle Catherine.

— Tu consens donc d'avance à faire ce que je te demanderai ?

— Bien certainement... Dame ! cependant, à moins que ce ne soit impossible...

— C'est très facile, au contraire.

— Eh bien, si c'est très facile, dites?

— Eh bien, il faudrait aller chez la mère Colombe.

— La marchande de sucre d'orge ?

— Oui, qui est, en même temps, factrice de la poste aux lettres.

— Ah! je comprends... et je lui dirai de ne remettre vos lettres qu'à vous ?

— Tu lui diras de ne remettre mes lettres qu'à toi, Pitou.

— A moi? dit Pitou. Ah! oui... je n'avais pas compris d'abord.

Et il poussa un troisième ou quatrième soupir.

— C'est ce qu'il y a de plus sûr, tu conçois bien, Pitou... à moins que tu ne veuilles pas me rendre ce service...

— Moi, vous refuser, mademoiselle Catherine? oh! par exemple!

— Merci, alors, merci.

— J'irai... j'irai bien certainement, à partir de demain.

— C'est trop tard, demain, mon cher Pitou; il faudrait y aller à partir d'aujourd'hui.

— Eh bien, mademoiselle, soit, à partir d'aujourd'hui, à partir de ce matin, à partir de tout de suite.

— Que tu es un brave garçon, Pitou, dit Catherine, et que je t'aime !

— Oh ! mademoiselle Catherine, dit Pitou, ne me dites pas de ces choses-là, vous me feriez passer dans le feu !

— Regarde l'heure qu'il est, Pitou, dit Catherine.

Pitou s'approcha de la montre de la jeune fille, qui était pendue à la cheminée.

— Cinq heures et demie du matin, mademoiselle, dit-il.

— Eh bien, fit Catherine, mon bon ami Pitou...

— Eh bien, mademoiselle ?

— Il serait peut-être temps...

— Que j'allasse chez la mère Colombe? A vos ordres, mademoiselle ; mais il faudrait prendre un peu de la potion ; le docteur avait recommandé une cuillerée toutes les demi-heures.

— Ah ! mon cher Pitou, dit Catherine se versant une cuillerée du breuvage pharmaceutique, et regardant Pitou avec des yeux qui lui firent fondre le cœur, ce que tu fais pour moi vaut mieux que tous les breuvages du monde.

— C'est donc cela que le docteur Raynal disait que j'avais de si grandes dispositions à être élève en médecine !

— Mais où diras-tu que tu vas, Pitou, pour qu'on ne se doute de rien à la ferme?

— Oh! quant à cela, soyez tranquille!

Et Pitou prit son chapeau.

— Faut-il que je réveille madame Clément? demanda-t-il.

— Oh! c'est inutile; laisse-la dormir, pauvre femme... Je n'ai, maintenant, besoin de rien... que...

— Que... que de quoi? demanda Pitou.

Catherine sourit.

— Ah! oui, j'y suis, murmura le messager d'amour, que de la lettre de M. Isidore.

Puis, après un instant de silence :

— Eh bien, soyez tranquille, si elle y est, vous l'aurez, et, si elle n'y est pas...

— Si elle n'y est pas? demanda anxieusement Catherine.

— Si elle n'y est pas, pour que vous me regardiez encore comme vous me regardiez tout à l'heure, pour que vous me souriiez encore comme vous venez de me sourire, pour que vous m'appeliez encore votre cher Pitou et votre bon ami;

si elle n'y est pas, eh bien, j'irai la chercher à Paris !

— Bon et excellent cœur ! murmura Catherine en suivant des yeux Pitou, qui sortait.

Puis, épuisée de cette longue conversation, elle retomba la tête sur son oreiller.

Au bout de dix minutes, il eût été impossible à la jeune fille de se dire à elle-même si ce qui venait de se passer était une réalité amenée par le retour de sa raison, ou un rêve enfanté par le délire ; mais ce dont elle était sûre, c'est qu'une fraîcheur vivifiante et douce se répandait de son cœur aux extrémités les plus éloignées de ses membres fiévreux et endoloris.

Au moment où Pitou traversa la cuisine, la mère Billot leva la tête.

La mère Billot ne s'était pas couchée et n'avait pas dormi depuis trois jours ; depuis trois jours, elle n'avait pas quitté cet escabeau enterré sous le manteau de la cheminée, d'où ses yeux pouvaient, à défaut de sa fille, près de laquelle il lui était défendu de pénétrer, voir au moins la porte de la chambre de sa fille.

— Eh bien ? demanda-t-elle.

— Eh bien, mère Billot, cela va mieux, dit Pitou.

— Où vas-tu, alors?

— Je vais à Villers-Cotterets.

— Et qu'y vas-tu faire?

Pitou hésita un instant; Pitou n'était pas l'homme de l'à-propos.

— Ce que je vais y faire? répéta-t-il pour gagner du temps.

— Oui, dit la voix du père Billot, ma femme te demande ce que tu vas y faire.

— Je vais prévenir le docteur Raynal.

— Le docteur Raynal t'avait dit de ne le prévenir que s'il y avait du nouveau.

— Eh bien, dit Pitou, puisque mademoiselle Catherine va mieux, il me semble que c'est du nouveau.

Soit que le père Billot trouvât la réponse de Pitou péremptoire, soit qu'il ne voulût pas se montrer trop difficile pour un homme qui, au bout du compte, lui apportait une bonne nouvelle, il ne fit pas d'autre objection au départ de Pitou.

Pitou passa donc, tandis que le père Billot rentrait dans sa chambre, et que la mère Billot laissait retomber sa tête sur sa poitrine.

Pitou arriva à Villers-Cotterets à six heures moins un quart du matin.

Il réveilla scrupuleusement le docteur Raynal pour lui dire que Catherine allait mieux, et lui demander ce qu'il avait de mieux à faire.

Le docteur l'interrogea sur sa nuit de garde, et, au grand étonnement de Pitou, qui, cependant, mit dans ses réponses toute la circonspection possible, le brave garçon s'aperçut bientôt que le docteur savait ce qui s'était passé entre lui et Catherine aussi couramment à peu près que s'il eût, dans quelque coin de la chambre, derrière les rideaux de la fenêtre ou du lit, assisté à sa conversation avec la jeune fille.

Le docteur Raynal promit de passer dans la journée à la ferme, recommanda, pour toute ordonnance, que l'on servît à Catherine *toujours du même tonneau*, et congédia Pitou, lequel réfléchit fort longtemps à ces paroles énigmatiques, et finit par comprendre que le docteur lui recommandait de continuer à parler à la jeune fille du vicomte Isidore de Charny.

Puis, de chez le docteur, il alla chez la mère Colombe. La factrice demeurait au bout de la rue de l'Ormet, c'est-à-dire à l'autre extrémité de la ville.

Il arriva comme elle ouvrait sa porte.

La mère Colombe était une grande amie de la tante Angélique ; mais cette amitié pour la tante ne l'empêchait point d'apprécier le neveu.

En entrant dans la boutique de la mère Colombe, pleine de pain d'épices et de sucre d'orge, Pitou comprit pour la première fois que, s'il voulait réussir dans sa négociation, et se faire livrer par la factrice les lettres de mademoiselle Catherine, il fallait employer, sinon la corruption, au moins la séduction.

Il acheta deux bouts de sucre d'orge et un pavé de pain d'épices.

Puis, cette acquisition faite et payée, il hasarda sa demande.

Il y avait des difficultés graves.

Les lettres ne devaient être remises qu'aux personnes à qui elles étaient adressées, ou tout au moins à des fondés de pouvoir porteurs de procurations écrites.

La mère Colombe ne doutait pas de la parole de Pitou; mais elle exigeait une procuration écrite.

Pitou vit qu'il fallait faire un sacrifice.

Il promit d'apporter, le lendemain, le reçu de la lettre, s'il y avait une lettre ; plus une autorisation de recevoir pour Catherine les lettres à venir.

Promesse qu'il accompagna d'un second achat de sucre d'orge et de pain d'épices.

Le moyen de rien refuser à la main qui étrenne, et surtout qui étrenne d'une manière si libérale !

La mère Colombe ne fit plus que de faibles objections, et finit par autoriser Pitou à la suivre à la poste, où elle lui remettrait la lettre de Catherine, si une lettre était arrivée pour elle.

Pitou la suivit en mangeant ses deux pavés de pain d'épices, et en suçant ses quatre bâtons de sucre d'orge.

Jamais, au grand jamais, il ne s'était permis une pareille débauche ; mais, on le sait, grâce aux libéralités du docteur Gilbert, Pitou était riche.

En traversant la grande place, il

monta sur les barreaux de la fontaine, appliqua sa bouche à l'un des quatre jets qui s'en échappaient à cette époque, et, pendant cinq minutes, absorba le cours d'eau tout entier sans en laisser tomber une goutte. En descendant de la fontaine, il jeta les yeux autour de lui, et aperçut une espèce de théâtre dressé au milieu de la place.

Alors, il se rappela qu'au moment de son départ pour Paris, il était fort question de se réunir à Villers-Cotterets afin d'y poser les bases d'une fédération entre le chef-lieu de canton et les villages environnants.

Les divers évènements privés qui s'étaient succédé autour de lui, lui avaient fait oublier cet évènement politique, qui n'était point, cependant, sans une certaine importance.

Il pensa, alors, aux vingt-cinq louis que lui avait donnés, au moment du départ, le docteur Gilbert, pour l'aider à mettre sur le meilleur pied possible la garde nationale d'Haramont.

Et il redressa la tête avec orgueil en songeant à la splendide figure que feraient, grâce à ces vingt-cinq louis, les trente-trois hommes qu'il avait sous ses ordres.

Cela l'aida à digérer les deux pavés de pain d'épices et les quatre morceaux de sucre d'orge, qui, joints à la pinte d'eau qu'il avait avalée, eussent bien pu, malgré la chaleur des sucs gastriques dont la nature l'avait pourvu, lui peser sur l'estomac, s'il eût été privé de cet excellent digestif qu'on nomme l'amour-propre satisfait.

III

Pitou géographe.

Pendant que Pitou buvait, pendant que Pitou digérait, pendant que Pitou réfléchissait, la mère Colombe avait gagné du chemin sur lui, et était entrée à la poste.

Mais Pitou ne s'était point inquiété de cela. La poste était située en face de ce que l'on appelle la rue Neuve, espèce de ruelle qui donne sur la portion du parc où est située l'allée des Soupirs, de langoureuse mémoire.

En quinze enjambées, il aurait rejoint la mère Colombe.

Il exécuta ses quinze enjambées, et arriva sur le seuil de la poste juste comme la mère Colombe sortait, son paquet de lettres à la main.

Au milieu de toutes ces lettres, il y en avait une pliée, enfermée dans une élégante enveloppe, et coquettement cachetée d'un sceau de cire.

Cette lettre était à l'adresse de Catherine Billot.

Il était évident que c'était là la lettre que Catherine attendait.

Selon les conventions arrêtées, la lettre fut remise par la factrice à l'acheteur de sucre d'orge, lequel partit à l'instant même pour Pisseleu, joyeux et triste à la fois :

Joyeux du bonheur qu'il allait rapporter à Catherine ;

Triste de ce que ce bonheur venait à la jeune fille d'une source dont il trouvait l'eau si amère à ses lèvres.

Mais, malgré cette amertume, le messager était d'une si excellente nature, que, pour porter plus vite cette lettre maudite, il passa insensiblement du pas au trot, et du trot au galop.

A cinquante pas de la ferme, il s'arrêta tout à coup, songeant avec raison que, s'il arrivait ainsi tout haletant et tout couvert de sueur, il pourrait bien inspirer de la défiance au père Billot, lequel paraissait engagé dans la voie étroite et épineuse du soupçon.

Il résolut donc, au risque d'être en retard d'une minute ou deux, d'accomplir d'un pas plus posé le bout de chemin qui lui restait à faire, et, dans ce but, il marchait avec la gravité d'un de ces confidents de tragédie auxquels la confiance de Catherine venait de l'assimiler, lorsqu'en passant devant la chambre de la jeune malade, il s'aperçut que la garde, sans doute pour donner un peu d'air frais à cette chambre, avait entr'ouvert la fenêtre.

Pitou introduisit son nez d'abord, et un œil ensuite dans l'entrebâillement; il ne pouvait pas davantage à cause de l'espagnolette.

Mais cela lui suffit, à lui, pour voir Catherine éveillée et l'attendant, et cela suffit à Catherine pour voir Pitou mystérieux et faisant des signes.

— Une lettre? balbutia la jeune fille, une lettre?

— Chut! dit Pitou, et, regardant autour de lui avec l'œil d'un braconnier qui veut dépister tous les gardes d'une capitainerie, il lança, se voyant parfaitement isolé, sa lettre par l'entrebâillement, et cela avec tant d'adresse, qu'elle tomba juste dans l'espèce de récipient que celle à qui elle était adressée lui avait ménagé sous son oreiller.

Puis, sans attendre un remerciement qui ne pouvait pas lui manquer, il se rejeta en arrière, et poursuivit son chemin vers la porte de la ferme, sur le seuil de laquelle il trouva Billot.

Sans l'espèce de courbe que faisait le mur, le fermier eût vu ce qui venait de se passer, et Dieu sait, avec la disposition d'esprit dans laquelle il paraissait être, ce qui fût arrivé de cette certitude substituée au simple soupçon !

L'honnête Pitou ne s'attendait pas à se trouver face à face avec le fermier, et il sentit que, malgré lui, il rougissait jusqu'aux oreilles.

— Oh! monsieur Billot, dit-il, vrai, vous m'avez fait peur!

— Peur, à toi, Pitou? à un capitaine de la garde nationale, à un vainqueur de la Bastille, peur?...

— Que voulez-vous, dit Pitou, il y a des moments comme cela! Dame! quand on n'est pas prévenu...

—Oui, dit Billot, et, quand on s'attend à rencontrer la fille et qu'on rencontre le père, n'est-ce pas?...

— Oh! monsieur Billot, pour ça non,

dit Pitou, je ne m'attendais pas à rencontrer mademoiselle Catherine... Oh! non!... quoiqu'elle aille toujours de mieux en mieux, à ce que j'espère, elle est encore trop malade pour se lever!

— N'as-tu donc rien à lui dire? demanda Billot.

— A qui?

— A Catherine?

— Si fait, j'ai à lui rapporter que M. Raynal a dit que c'était bien, et qu'il viendrait dans la journée... Mais un autre peut lui conter cela aussi bien que moi.

— D'ailleurs, toi, tu dois avoir faim, n'est-ce pas?

— Faim? dit Pitou; heu!...

— Comment! tu n'as pas faim? s'écria le fermier.

Pitou vit qu'il avait lâché une bêtise. Pitou n'ayant pas faim à huit heures du matin, c'était un dérangement dans l'équilibre de la nature!

— Certainement que j'ai faim, dit-il.

— Eh bien, entre et mange... les journaliers sont en train de déjeuner, et ils ont dû te garder une place.

Pitou entra; Billot le suivit des yeux, quoique la bonhomie du brave garçon eût presque détourné ses soupçons. Il le vit s'asseoir au haut bout de la table, et attaquer sa miche et son assiette de lard comme s'il n'avait pas eu deux pavés de pain d'épices, quatre bâtons de sucre d'orge et une pinte d'eau sur l'estomac.

Il est vrai que, selon toute probabilité, l'estomac de Pitou était déjà redevenu libre.

Pitou ne savait pas faire beaucoup de choses à la fois, mais il faisait bien ce qu'il faisait. Chargé par Catherine d'une commission, il l'avait bien faite ; invité par Billot à déjeuner, il déjeunait bien.

Billot continuait à l'observer ; mais, voyant qu'il ne détournait pas les yeux de son assiette, voyant que sa préoccupation s'arrêtait à la bouteille de cidre qu'il avait devant lui, remarquant que pas une seule fois son regard n'avait cherché la porte de Catherine, il finit par croire que le petit voyage de Pitou à Villers-Cotterets n'avait pas d'autre but que celui qu'il avait accusé.

Vers la fin du déjeuner de Pitou, la porte de Catherine s'ouvrit, et madame Clément sortit et s'avança dans la cuisine avec l'humble sourire de la garde-malade sur les lèvres. Elle venait à son tour chercher sa tasse de café.

Il va sans dire qu'à six heures du matin, c'est-à-dire un quart-d'heure après le départ de Pitou, elle avait fait sa première apparition pour réclamer son petit verre d'eau-de-vie, la seule chose qui la soutînt, disait-elle, quand elle avait veillé toute une nuit.

A sa vue, madame Billot alla à elle, et M. Billot rentra.

Tous deux s'informèrent de la santé de Catherine.

— Cela va toujours bien, répondit madame Clément; cependant, je crois que, dans ce moment-ci, mademoiselle Catherine a un peu de délire.

— Comment cela, du délire? répondit le père Billot; ça lui a donc repris?

— Oh! mon Dieu, ma pauvre enfant! murmura la fermière.

Pitou leva la tête, et écouta.

— Oui, reprit madame Clément, elle parle d'une ville nommée Turin, d'un pays nommé la Sardaigne, et elle appelle M. Pitou pour qu'il lui dise ce que c'est que ce pays et cette ville.

— Me voilà, dit Pitou en avalant le resté de sa canette de cidre et en essuyant sa bouche avec sa manche.

Le regard du père Billot l'arrêta.

— Toutefois, dit-il, si M. Billot juge à propos que je donne à mademoiselle Catherine les explications qu'elle désire.

— Pourquoi pas? dit la mère Billot; puisqu'elle te demande, la pauvre enfant, vas-y, mon garçon, d'autant plus que M. Raynal a dit que tu étais un bon élève en médecine.

— Dame! fit naïvement Pitou, demandez à madame Clément comme nous avons soigné mademoiselle Catherine cette nuit. Madame Clément n'a pas dormi un instant, la digne femme, ni moi non plus.

C'était une grande adresse de la part de Pitou d'attaquer le point délicat à l'endroit de la garde malade ; comme elle avait fait un excellent somme de minuit à six heures du matin, déclarer qu'elle n'avait pas dormi un seul instant, c'était s'en faire une amie, plus qu'une amie, une complice !

— C'est bien, dit le père Billot, puisque Catherine te demande, va auprès d'elle... Peut-être un moment viendrat-il où elle nous demandera aussi, sa mère et moi.

Pitou sentait instinctivement qu'il y avait un orage en l'air, et, comme le berger dans les champs, quoique prêt à affronter cet orage, s'il le fallait, il n'en cherchait pas moins d'avance un abri pour cacher sa tête.

Cet abri, c'était Haramont.

A Haramont, il était roi... que dis-je, roi? il était plus que roi; il était commandant de la garde nationale; il était la Fayette !

D'ailleurs, il avait des devoirs qui l'appelaient à Haramont.

Aussi, se promettait-il bien, ses mesures prises avec Catherine, de retourner promptement à Haramont.

Ce fut en arrêtant ce projet dans son esprit, qu'avec la permission verbale de M. Billot, et la permission mentale de madame Billot, il entra dans la chambre de la malade.

Catherine l'attendait impatiemment. A l'ardeur de ses yeux, au coloris de ses joues, on pouvait croire, comme l'avait dit madame Clément, qu'elle était sous l'empire de la fièvre.

A peine Pitou eut-il refermé la porte de la chambre de Catherine, que celle-ci, le reconnaissant à son pas, et l'attendant d'ailleurs depuis une heure et demie à peu près, se retourna vivement de son côté, et lui tendit les deux mains.

— Ah! c'est toi, Pitou, dit la jeune fille; comme tu as tardé!

— Ce n'est pas ma faute, mademoiselle, dit Pitou; c'est votre père qui m'a retenu.

— Mon père?

— Lui-même... Oh! il faut qu'il se doute de quelque chose... Et puis, moi, d'ailleurs, ajouta Pitou avec un soupir, je ne me suis pas pressé; je savais que vous aviez ce que vous désiriez avoir...

— Oui, Pitou, oui, dit la jeune fille en baissant les yeux, oui, et je te remercie.

Puis elle ajouta à voix basse :

— Tu es bien bon, Pitou, et je t'aime bien !

— Vous êtes bien bonne vous-même, mademoiselle Catherine, répondit Pitou, près de pleurer ; — car il sentait que toute cette amitié pour lui n'était qu'un reflet de son amour pour un autre, et, au fond du cœur, si modeste que fût le brave garçon, il était humilié de n'être que la lune de Charny.

Aussi ajouta-t-il vivement :

— Je suis venu vous déranger, mademoiselle Catherine, parce qu'on m'a dit que vous désiriez savoir quelque chose.

Catherine porta la main à son cœur ;

elle y cherchait la lettre d'Isidore pour y puiser sans doute le courage de questionner Pitou.

Enfin, faisant un effort :

— Pitou, demanda-t-elle, toi qui es si savant, peux-tu me dire ce que c'est que la Sardaigne?

Pitou évoqua tous ses souvenirs en géographie.

— Attendez donc, attendez donc, mademoiselle, dit-il, je dois savoir cela... Au nombre des choses que M. l'abbé Fortier avait la prétention de nous enseigner était la géographie... Attendez donc... la Sardaigne... je vais y être...

Ah! si je retrouvais le premier mot, je vous dirais tout!

— Oh! cherche, Pitou, cherche! dit Catherine en joignant les mains.

— Parbleu! dit Pitou, c'est bien ce que je fais aussi... La Sardaigne... la Sardaigne... Ah! m'y voilà!

Catherine respira.

— La Sardaigne, reprit Pitou, la *Sardinia* des Romains, l'une des trois grandes îles de la Méditerranée, au sud de la Corse, dont la sépare le détroit de Bonifacio, fait partie des États sardes, qui en tirent leur nom, et qu'on appelle royaume de Sardaigne; elle a soixante lieues du nord au sud, seize de l'est à l'ouest; elle est peuplée de cinq cent quarante mille habitants ; capitale, Cagliari. — Voilà ce que c'est que la Sardaigne, mademoiselle Catherine.

— Oh! mon Dieu! dit la jeune fille, que vous êtes heureux de savoir tant de choses, monsieur Pitou!

— Le fait est, dit Pitou, assez satisfait dans son amour-propre, s'il était blessé dans son amour, le fait est que j'ai une bonne mémoire.

— Et, maintenant, hasarda Catherine, mais avec moins de timidité, maintenant que vous m'avez dit ce que c'est que la Sardaigne, voulez-vous me dire ce que c'est que Turin?

— Turin ? répéta Pitou ; certainement, mademoiselle Catherine, que je ne demande pas mieux que de vous le dire... si je me le rappelle, toutefois.

— Oh! tâchez de vous le rappeler... c'est le plus important, monsieur Pitou.

— Dame! si c'est le plus important, dit Pitou, il faudra bien... D'ailleurs, si je ne me le rappelle pas, je ferai des recherches.

— C'est... c'est... insista Catherine, c'est que j'aimerais mieux le savoir tout de suite... Cherchez, mon cher Pitou, cherchez!

Et Catherine prononça ces paroles

d'une voix si caressante, qu'elles firent courir un frisson par tout le corps de Pitou.

— Ah! je cherche, mademoiselle, dit-il, je cherche.

Catherine le couvait des yeux.

Pitou renversa sa tête en arrière, comme pour interroger le plafond.

— Turin, dit-il, Turin... dame! mademoiselle, c'est plus difficile que la Sardaigne... La Sardaigne est une grande île de la Méditerranée, et il n'y a que trois grandes îles dans la Méditerranée : la Sardaigne, qui appartient au roi de Piémont; la Corse, qui appartient au roi de

France, et la Sicile, qui appartient au roi de Naples... tandis que Turin, c'est une simple capitale.

— Comment avez-vous dit pour la Sardaigne, mon cher Pitou?

— J'ai dit : « La Sardaigne, qui appartient au roi de Piémont, » et je ne crois pas me tromper, mademoiselle.

— C'est cela justement, mon cher Pitou! Isidore dit, dans sa lettre, qu'il va à Turin en Piémont.

— Ah! fit Pitou, je comprends, maintenant! Bon! bon! bon! c'est à Turin que M. Isidore a été envoyé par le roi, et c'est pour savoir où va M. Isidore que vous m'interrogez?

— Pourquoi serait-ce donc, répondit la jeune fille, si ce n'était pour lui? Que m'importent, à moi, la Sardaigne, le Piémont, Turin! Tant qu'il n'y a pas été, j'ai ignoré ce que c'était que cette île et cette capitale; et je m'en inquiétais peu... Mais il est parti pour Turin, comprends-tu, mon cher Pitou, et je veux savoir ce que c'est que Turin.

Pitou poussa un gros soupir, secoua la tête; mais il n'en fit pas moins tous ses efforts pour satisfaire Catherine.

— Turin, dit-il, attendez... capitale du Piémont... Turin, Turin... j'y suis!.. Turin, *Bodincomagus*, *Taurasia*, *Colonia Julia*, *Augusta Torinorum*, chez les anciens; aujourd'hui, capitale du Piémont et des États sardes, située sur le Pô et la Doire; une des plus belles villes de l'Europe. Population : cent vingt-cinq mille habitants; roi régnant, Charles-Emmanuel. — Voilà ce que c'est que Turin, mademoiselle Catherine.

— Et à quelle distance Turin est-il de Pisseleu, monsieur Pitou? Vous qui savez tout, vous devez savoir cela.

— Ah! dame, fit Pitou, je vous dirai bien à quelle distance Turin est de Paris; mais de Pisseleu, c'est plus difficile.

— Eh bien! dites d'abord de Paris, Pitou, et nous ajouterons les dix-huit lieues qu'il y a de Pisseleu à Paris.

— Tiens, c'est, ma foi, vrai, dit Pitou.

Et, continuant sa nomenclature :

— Distance de Paris, dit-il, deux cent six lieues; de Rome, cent quarante; de Constantinople...

— Je n'ai besoin que de Paris, mon cher Pitou... Deux cent six lieues et dix-huit, deux cent vingt-quatre... Ainsi, il est à deux cent vingt-quatre lieues de moi ! Il y a trois jours, il était là, à trois quarts de lieue, à mes côtés, et aujourd'hui, aujourd'hui, — ajouta Catherine en fondant en larmes et en se tordant les bras, — aujourd'hui, il est à deux cent vingt-quatre lieues de moi !..

— Oh! pas encore, hasarda timidement Pitou ; il n'est parti que d'avant-hier; il n'est encore qu'à moitié chemin, et à peine, à peine !

— Où est-il alors ?

— Ah! quant à cela, je n'en sais rien, répondit Pitou. L'abbé Fortier nous apprenait ce que c'était que les royaumes et les capitales, mais il ne nous disait rien des chemins qui y conduisent.

— Ainsi, voilà tout ce que tu sais, mon cher Pitou ?

— Oh! mon Dieu, oui, dit le géographe, humilié de toucher si vite aux limites de sa science, si ce n'est que Turin est un repaire d'aristocrates.

— Que veut dire cela?

— Cela veut dire, mademoiselle, que c'est à Turin que sont réunis tous les princes, toutes les princesses, tous les émigrés, M. le comte d'Artois, M. le prince de Condé, madame de Polignac, un tas de brigands, enfin, qui conspirent contre la nation, et à qui on coupera la tête un jour, il faut l'espérer, avec une machine très ingénieuse qu'est en train d'inventer M. Guillotin.

— Oh! monsieur Pitou!

— Quoi donc, mademoiselle?

— Voilà que vous redevenez féroce, comme à votre premier retour de Paris.

— Féroce, moi! dit Pitou. Ah! c'est vrai... oui, oui, oui... M. Isidore est un de ces aristocrates-là, et vous avez peur pour lui.

Puis, avec un de ces gros soupirs que nous avons déjà signalés plus d'une fois :

— N'en parlons plus, ajouta Pitou. Parlons de vous, mademoiselle Catherine, et de la façon dont je puis vous être agréable.

— Mon cher Pitou, dit Catherine, la lettre que j'ai reçue ce matin n'est probablement pas la seule que je recevrai.

— Et vous désirez que j'aille chercher les autres comme celle-ci.

— Pitou, puisque tu as commencé d'être si bon...

— Autant vaut que je continue, n'est-ce pas ?

— Oui.

— Je ne demande pas mieux, moi.

— Tu comprends bien que, surveillée par mon père comme je le serai, je ne pourrai aller à la ville.

— Ah ! mais c'est qu'il faut vous dire qu'il me surveille un peu aussi, moi, le père Billot... j'ai vu cela à son œil.

— Oui, mais vous, Pitou, il ne peut pas vous suivre à Haramont, et nous pouvons convenir d'un endroit où vous déposerez les lettres.

— Oh! très bien, répondit Pitou, comme, par exemple, le gros saule creux qui est près de l'endroit où je vous ai trouvée évanouie.

— Justement, dit Catherine, c'est à portée de la ferme et, en même temps, hors de vue des fenêtres. C'est donc convenu, qu'on les mettra là?

— Oui, mademoiselle Catherine.

— Seulement, vous aurez soin qu'on ne vous voie pas!

— Demandez aux gardes de la garderie de Longpré, de Taille-Fontaine et de Montaigu s'ils m'ont jamais vu, et, cependant, je leur en ai soufflé des douzaines de lapins !.. Mais, vous, mademoiselle Catherine, comment ferez-vous pour les aller chercher ces fameuses lettres ?

— Moi ?.. Oh! moi, dit Catherine avec un sourire plein d'espérance et de volonté, moi, je vais tâcher de guérir bien vite.

Pitou poussa le plus gros des soupirs qu'il eût encore poussés.

En ce moment, la porte s'ouvrit, et le docteur Raynal parut.

IV

Pitou capitaine d'habillement.

Cette visite de M. Raynal venait à propos pour faciliter la sortie de Pitou.

Le docteur s'approcha de la malade, non sans s'apercevoir du notable changement qui s'était opéré en elle depuis la veille.

Catherine sourit à M. Raynal et lui tendit le bras.

— Oh! dit le docteur, si ce n'était pour le plaisir de toucher votre jolie main, ma chère Catherine, je ne consulterais même pas votre pouls... Je parie que nous ne dépassons pas soixante-quinze battements à la minute.

— C'est vrai, que je vais beaucoup mieux, docteur, et que vos ordonnances ont fait merveille.

— Mes ordonnances?... hum, hum! fit le docteur; je ne demande pas mieux, vous comprenez, mon enfant, que d'avoir tous les honneurs de la convalescence; mais il faut bien, si vaniteux que je sois, que je laisse une part de cet honneur à mon élève Pitou.

Puis, levant les yeux au ciel :

— O nature ! nature ! dit-il, puissante Cérès ! mystérieuse Isis ! que de secrets tu gardes encore à ceux qui sauront t'interroger !

Et, se tournant vers la porte :

— Allons, allons, dit-il, entrez, père au visage sombre, mère à l'œil inquiet, entrez... et venez voir la chère malade ; elle n'a, pour guérir tout à fait, plus besoin que de votre amour et de vos caresses.

A la voix du docteur, le père et la mère

Billot accoururent ; le père Billot, avec
un reste de soupçon dans la physionomie ; la mère Billot, avec une figure radieuse.

Pendant qu'ils faisaient leur entrée,
Pitou, après avoir répondu au dernier
coup d'œil que lui lançait Catherine, Pitou faisait sa sortie.

Laissons Catherine, que la lettre d'Isidore appuyée sur son cœur dispense
désormais d'application de glace sur la
tête et de moutarde aux pieds ; laissons
Catherine, disons-nous, revenir, sous les
caresses de ses dignes parents, à l'espérance et à la vie, et suivons Pitou, qui
venait simplement et naïvement d'accomplir une des actions les plus difficiles

imposées par le christianisme aux âmes chrétiennes : l'abnégation de soi-même et le dévouement à son prochain.

Dire que le brave garçon quittait Catherine avec un cœur joyeux, ce serait trop dire ; nous nous contenterons donc d'affirmer qu'il la quittait avec un cœur satisfait ; quoiqu'il ne se fût pas rendu compte à lui-même de la grandeur de l'action qu'il venait d'accomplir, il sentait bien, aux félicitations de cette voix intérieure que chacun porte en soi, qu'il avait fait une bonne et sainte chose ; — non pas peut-être au point de vue de la morale, qui bien certainement réprouvait cette liaison de Catherine avec le vicomte de Charny, c'est-à-dire d'une paysanne avec un grand seigneur, mais au point de vue de l'humanité.

Or, à l'époque dont nous parlons, l'humanité était un des mots à la mode, et Pitou, qui plus d'une fois avait prononcé le mot sans savoir ce qu'il voulait dire, Pitou venait de le mettre en pratique sans trop savoir ce qu'il avait fait.

Ce qu'il avait fait, c'était une chose qu'il eût dû faire par habileté, s'il ne l'eût pas faite par bonté d'âme.

De rival de M. de Charny, — situation impossible à maintenir pour lui, Pitou, — de rival de M. de Charny, il était devenu le confident de Catherine.

Aussi Catherine, au lieu de le rudoyer,

au lieu de le brutaliser, au lieu de le mettre à la porte, comme elle avait fait au retour de son premier voyage de Paris, Catherine l'avait-elle choyé, tutoyé, caressé.

Confident, il avait obtenu ce que, rival, il n'avait jamais rêvé.

Sans compter ce qu'il obtiendrait encore, au fur et à mesure que les évènements rendraient sa participation de plus en plus nécessaire à la vie intime et aux sentiments secrets de la belle paysanne.

Afin de se ménager cet avenir d'amicales tendresses, Pitou commença par porter à madame Colombe une autorisation presque illisible donnée à lui, Pitou, par Catherine de recevoir pour elle et en son nom toutes les lettres qui arriveraient pour elles et à son nom.

A cette autorisation écrite, Pitou joignait une promesse verbale de Catherine, qui s'engageait, à la Saint-Martin prochaine, de donner aux journaliers de Pisseleu une collation tout en pain d'épices et en sucre d'orge.

Moyennant cette autorisation et cette promesse, qui mettaient à la fois à couvert la conscience et les intérêts de la mère Colombe, celle-ci s'engagea à prendre tous les matins à la poste et à tenir à la disposition de Pitou les lettres qui pourraient arriver pour Catherine.

Ce point, réglé, Pitou n'ayant plus rien à faire à la ville, comme on appelait pompeusement Villers-Cotterets, Pitou s'achemina vers le village.

La rentrée de Pitou à Haramont fut un évènement.

Son départ précipité pour la capitale n'avait point été sans soulever un grand nombre de commentaires, et, après ce qui était arrivé à propos de l'ordre envoyé de Paris par un aide-de-camp du général la Fayette de s'emparer des fusils en dépôt chez l'abbé Fortier, les Haramontois n'avaient plus fait de doute sur l'importance politique de Pitou. Les uns disaient qu'il avait été appelé à Paris par le docteur Gilbert, les autres par le général la Fayette ; les autres, enfin, — il est vrai de dire que c'était le plus petit nombre, — les autres, enfin, par le roi !

Quoique Pitou ignorât les bruits qui s'étaient répandus en son absence, bruits tout en faveur de son importance personnelle, il n'en rentrait pas moins dans son pays natal avec un air si digne, que chacun fut émerveillé de cette dignité.

C'est que, pour être vus à leur véritable distance, les hommes doivent être vus sur le terrain qui leur est propre. Écolier dans la cour de l'abbé Fortier, journalier à la ferme de M. Billot, Pitou était homme, citoyen, capitaine à Haramont.

Sans compter qu'en cette qualité de capitaine, outre cinq ou six louis lui appartenant en propre, il rapportait, on se le rappelle, vingt-cinq louis offerts généreusement par le docteur Gilbert en vue de l'équipement et de l'habillement de la garde nationale d'Haramont.

Aussi, à peine rentré chez lui, et comme le tambour venait lui faire sa visite, Pitou ordonna-t-il à celui-ci d'annoncer pour le lendemain dimanche, à midi, une revue officielle avec armes et bagages, sur la grande place d'Haramont.

Dès lors, on ne douta plus que Pitou n'eût une communication à faire à la garde nationale d'Haramont de la part du gouvernement,

Beaucoup vinrent causer avec Pitou pour tâcher d'apprendre avant les autres quelque chose de ce grand secret; mais Pitou garda à l'endroit des affaires publiques un majestueux silence.

Le soir, Pitou, que les affaires publiques ne distrayaient pas plus de ses affaires privées que ses affaires privées ne le distrayaient des affaires publiques, — le soir, Pitou alla tendre ses collets, présenter ses compliments au père Clouïs; ce qui ne l'empêcha point d'être à sept heures du matin chez maître Dulauroy, tailleur, après avoir déposé dans son domicile d'Haramont trois lapins et un lièvre, et s'être informé à la mère Colombe s'il y avait des lettres pour Catherine.

Il n'y en avait pas, et Pitou en fut presque affligé en songeant au chagrin qu'en ressentirait la pauvre convalescente.

La visite de Pitou à M. Dulauroy avait pour but de savoir si celui-ci consentirait l'habillement à forfait de la garde nationale d'Haramont, et quel prix il demanderait pour cela.

Maître Dulauroy fit sur la taille des individus les questions usitées en pareille occurrence, questions auxquelles Pitou répondit en lui mettant sous les yeux l'état nominatif des trente-trois hommes, officiers, sous-officiers et soldats, composant l'effectif de la garde civique haramontoise.

Comme tous ces hommes étaient connus de maître Dulauroy, on supputa grosseur et taille, et, plume et crayon à la main, le tailleur déclara qu'il ne pouvait pas fournir trente-trois habits et trente-trois culottes convenablement conditionnés à moins de trente-trois louis.

Et encore Pitou ne devait-il pas exiger pour ce prix du drap entièrement neuf.

Pitou se récria et prétendit qu'il tenait de la bouche même de M. de la Fayette que celui-ci avait fait habiller les trois millions d'hommes qui composaient la garde civique de France à raison de vingt livres l'homme, ce qui faisait soixante-quinze millions pour le tout.

Maître Dulauroy répondit que, sur un chiffre pareil, perdît-on dans le détail, il y avait moyen de se retirer sur le tout, mais que, lui, ce qu'il pouvait faire, — et son dernier mot était dit, — c'était d'habiller la garde civique d'Haramont à vingt-deux francs l'homme, et encore, vu les avances nécessaires, ne pouvait-il entreprendre l'affaire qu'au comptant.

Pitou tira une poignée d'or de sa poche, et déclara que là ne serait point l'empêchement, mais qu'il était limité dans son prix, et que, si maître Dulauroy refusait de confectionner les trente-trois habits et les trente-trois culottes pour vingt-cinq louis, il allait en faire l'offre à maître Bligny, confrère et rival de maître Dulauroy, auquel il avait donné la préférence en sa qualité d'ami de la tante Angélique.

Pitou, en effet, n'était point fâché que la tante Angélique apprît par voie détournée que lui, Pitou, remuait l'or à la pelle, et il ne doutait pas que, le même soir, le tailleur ne lui rapportât ce qu'il avait vu, c'est-à-dire que Pitou était riche comme feu Crésus.

La menace de porter ailleurs une commande de cette importance fit son effet, et maître Dulauroy en passa par où voulut Pitou, lequel exigea, en outre, que son costume, en drap neuf, — peu lui importait que ce fût en drap fin ; il l'aimait même mieux gros que fin, — lui fût fourni, épaulettes comprises, pardessus le marché.

Ce fut l'objet d'un nouveau débat non moins long et non moins ardent que le premier, mais sur lequel Pitou triompha encore, grâce à cette terrible menace d'obtenir de maître Bligny ce qu'il ne pouvait obtenir de maître Dulauroy.

Le résultat de toute la discussion fut l'engagement pris par maître Dulauroy de fournir, pour le samedi suivant, trente et un habits et trente et une culottes de soldats, deux habits et deux culottes de sergent et de lieutenant, et un habit et une culotte de capitaine, — l'habit orné de ses épaulettes.

Faute d'exactitude dans la livraison, la commande restait pour le compte du tailleur retardataire, la cérémonie de la fédération de Villers-Cotterets et des villages qui relevaient de ce chef-lieu de canton devant avoir lieu le dimanche, lendemain de ce samedi.

Cette condition fut acceptée comme les autres.

A neuf heures du matin, cette grande affaire était terminée.

A neuf heures et demie, Pitou était rentré à Haramont, tout orgueilleux d'avance de la surprise qu'il ménageait à ses concitoyens.

A onze heures, le tambour battait le rappel.

A midi, la garde nationale, sous les armes, manœuvrait avec sa précision ordinaire sur la place publique du village.

Après une heure de manœuvres qui valurent à cette brave garde nationale les éloges de son chef et les bravos des femmes, des enfants et des vieillards, qui regardaient ce touchant spectacle avec le plus grand intérêt, Pitou appela près de lui le sergent Claude Tellier et le lieutenant Désiré Maniquet, et leur ordonna de réunir leurs hommes et de les inviter, de sa part à lui, Pitou, de la part du docteur Gilbert, de la part du général la Fayette, et, enfin, de la part du roi, à passer chez maître Dulauroy, tailleur à Villers-Cotterets, qui avait une communication importante à leur faire.

Le tambour battit à l'ordre; le sergent et le lieutenant, aussi ignorants que ceux auxquels ils s'adressaient, transmirent à leurs hommes les paroles textuelles de leur capitaine; puis, le cri: « Rompez les rangs! » se fit entendre, prononcé par la voix sonore de Pitou.

Cinq minutes après, les trente et un soldats de la garde civique d'Haramont, plus le sergent Claude Tellier et le lieutenant Désiré Maniquet, couraient comme des dératés sur la route de Villers-Cotterets.

Le soir, les deux ménétriers d'Haramont donnaient une sérénade au capitaine; l'air était sillonné de pétards, de fusées et de chandelles romaines, et quelques voix, légèrement avinées il est vrai, criaient par intervalles :

— Vive Ange Pitou, le père du peuple !

V

Où l'abbé Fortier donne une nouvelle preuve de son esprit contre-révolutionnaire.

Le dimanche suivant, les habitants de Villers-Cotterets furent réveillés par le tambour, battant avec acharnement le rappel dès cinq heures du matin.

Rien n'est plus impertinent, à mon avis, que cette façon de réveiller une population dont la majorité presque toujours, il faut le dire, préférerait achever tranquillement sa nuit, et compléter les sept heures de sommeil dont, suivant l'hygiène populaire, tout homme a besoin pour se conserver dispos et bien portant.

Mais à toutes les époques de révolution il en est ainsi, et, quand on entre dans une de ces périodes d'agitation et de progrès, il faut mettre philosophiquement le sommeil au nombre des sacrifices à faire à la patrie.

Satisfaits ou non satisfaits, patriotes ou aristocrates, les habitants de Villers-Cotterets furent donc réveillés, le dimanche 18 octobre 1790, à cinq heures du matin.

La cérémonie ne devait, cependant, avoir lieu qu'à dix heures ; mais ce n'était pas trop de cinq heures pour achever tout ce qui restait à faire.

Un grand théâtre dressé depuis plus de dix jours s'élevait sur le milieu de la place ; mais ce théâtre, dont la construction rapide attestait le zèle des ouvriers menuisiers, n'était, pour ainsi dire, que le squelette du monument.

Le monument était un autel à la patrie sur lequel l'abbé Fortier avait été invité, depuis plus de quinze jours, à venir dire la messe le dimanche 18 octobre, au lieu de la dire dans son église.

Or, pour rendre le monument digne de sa double destination religieuse et sociale, il fallait mettre à contribution toutes les richesses de la commune.

Et, hâtons-nous de le dire, chacun avait généreusement offert ses richesses pour cette grande solennité : celui-ci un tapis, celui-là une nappe d'autel ; l'un des rideaux de soie, l'autre un tableau de sainteté.

Mais, comme la stabilité n'est point, au mois d'octobre, une des qualités du temps, et que le baromètre marquant le beau fixe est un cas rare sous le signe du scorpion, personne ne s'était exposé à faire son offrande d'avance, et chacun avait attendu le jour de la fête pour y apporter son tribut.

Le soleil se leva à six heures et demie, selon son habitude à cette époque de l'année, annonçant, par la limpidité et la chaleur de ses rayons, une de ces belles journées d'automne qui peuvent entrer en comparaison avec les plus belles journées du printemps.

Aussi, dès neuf heures du matin, l'autel de la patrie fut-il revêtu d'un magnifique tapis d'Aubusson, couvert d'une nappe toute garnie de dentelles, surmonté d'un tableau représentant le préche de saint Jean dans le désert, et abrité par un dais de velours à crépines d'or d'où pendaient de magnifiques rideaux de brocard.

Les objets nécessaires à la célébration de la messe devaient naturellement être fournis par l'église ; on ne s'en inquiéta donc point.

En outre, chaque citoyen, comme au jour de la Fête-Dieu, avait tendu le devant de sa porte ou la façade de sa maison avec des draps ornés de rameaux de lierre ou des tapisseries représentant soit des fleurs, soit des personnages.

Toutes les jeunes filles de Villers-Cotterets et des environs, vêtues de blanc, la taille serrée par une ceinture tricolore, et tenant à la main une branche de feuillage, devaient entourer l'autel de la patrie.

Enfin, la messe dite, les hommes devaient faire serment à la Constitution.

La garde nationale de Villers-Cotterets, sous les armes à partir de huit heures du matin, attendait les gardes civiques des différents villages, fraternisant avec elles au fur et à mesure de leur arrivée.

Il va sans dire que, parmi toutes ces milices patriotiques, celle qui était attendue avec le plus d'impatience était la garde civique d'Haramont.

Le bruit s'était répandu que, grâce à l'influence de Pitou, et par une largesse toute royale, les trente-trois hommes qui la composaient, plus leur capitaine, Ange Pitou, seraient revêtus d'habits d'uniforme.

Les magasins de maître Dulauroy n'avaient pas désempli de la semaine : il y avait eu affluence de curieux dedans et dehors, pour voir les dix ouvriers travaillant à cette gigantesque commande, qui, de mémoire d'homme, n'avait pas eu sa pareille à Villers-Cotterets.

Le dernier uniforme, celui du capitaine, car Pitou avait exigé qu'on ne songeât à lui qu'après avoir servi les autres, le dernier uniforme avait été, selon les conventions, livré le samedi soir à onze heures cinquante-neuf minutes.

Selon les conventions aussi, Pitou avait, alors, compté rubis sur l'ongle les vingt-cinq louis à M. Dulauroy.

Tout cela avait donc fait grand bruit au chef-lieu du canton, et il n'était pas étonnant qu'au jour dit, la garde nationale d'Haramont fût impatiemment attendue.

A neuf heures précises, le bruit d'un tambour et d'un fifre retentit à l'extrémité de la rue de Largny ; on entendit de grands cris de joie et d'admiration, et l'on aperçut de loin Pitou, monté sur son cheval blanc, ou plutôt sur le cheval blanc de son lieutenant Désiré Maniquet.

La garde nationale d'Haramont, — ce qui n'arrive pas d'ordinaire pour les choses dont on s'est longtemps entretenu, — la garde nationale d'Haramont ne parut pas au-dessous de sa réputation !

On se rappelle le triomphe qu'avaient obtenu les Haramontois lorsqu'ils n'avaient pour tout uniforme que trente-trois chapeaux pareils, et Pitou lorsqu'il n'avait, pour marque distinctive de son grade, qu'un casque et un sabre de simple dragon.

Que l'on s'imagine donc quelle tournure martiale devaient avoir les trente-trois hommes de Pitou revêtus d'habits et de culottes d'uniforme, et quel air coquet devait affecter leur chef avec son petit chapeau sur l'oreille, son hausse-col sur la poitrine, ses *pattes de chat* sur les épaules et son épée à la main.

Il n'y eut qu'un cri d'admiration de l'extrémité de la rue de Largny à la place de la Fontaine.

La tante Angélique ne voulait pas à toute force reconnaître son neveu ; elle faillit se faire écraser par le cheval blanc de Maniquet en allant regarder Pitou sous le nez.

Pitou fit avec son épée un majestueux

salut, et, de manière à être entendu à vingt pas à la ronde, il prononça pour toute vengeance ces paroles :

— Bonjour, madame Angélique !

La vieille fille, écrasée sous cette respectueuse appellation, fit trois pas en arrière en levant les bras au ciel, et en disant :

— Oh ! le malheureux ! les honneurs lui ont tourné la tête ; il ne reconnaît plus sa tante !

Pitou passa majestueusement sans répondre à l'apostrophe, et alla prendre, au pied de l'autel de la patrie, la place d'honneur qui avait été assignée à la garde nationale d'Haramont, comme à la seule troupe qui eût un uniforme complet.

Arrivé là, Pitou mit pied à terre, et donna son cheval à garder à un gamin qui reçut, pour cette tâche, six blancs du magnifique capitaine.

Le fait fut rapporté, cinq minutes après, à la tante Angélique, qui s'écria :

— Mais, le malheureux, il est donc millionnaire !

Puis, elle ajouta tout bas :

— J'ai été bien mal inspirée de me

brouiller avec lui... Les tantes héritent des neveux.

Pitou n'entendit ni l'exclamation ni la réflexion ; Pitou était tout simplement en extase.

Au milieu des jeunes filles ceintes d'un ruban tricolore, et tenant à la main un rameau de verdure, il avait reconnu Catherine.

Catherine, pâle encore de la maladie à peine vaincue, mais plus belle de sa pâleur qu'une autre l'eût été du plus frais coloris de la santé.

Catherine, pâle mais heureuse ; le matin même, grâce aux soins de Pitou, elle avait trouvé une lettre dans le saule creux.

Nous l'avons dit, pauvre Pitou, il trouvait du temps pour tout faire.

Le matin, à sept heures, il avait trouvé le temps d'être chez la mère Colombe; à sept heures un quart, il avait trouvé celui de déposer la lettre dans le saule creux, et, à huit heures, celui de se trouver revêtu de son uniforme à la tête de ses trente-trois hommes.

Il n'avait pas revu Catherine depuis le jour où il l'avait quittée sur son lit à la ferme, et, nous le répétons, il la voyait si belle et si heureuse, qu'il était en extase devant elle.

Elle lui fit signe de venir à elle.

Pitou regarda autour de lui pour voir si c'était bien à lui-même que le signe s'adressait.

Catherine sourit et renouvela son invitation.

Il n'y avait pas à s'y tromper.

Pitou mit son épée au fourreau, prit galamment son chapeau par la corne, et s'avança la tête découverte vers la jeune fille.

Pour M. de la Fayette, Pitou eût simplement porté la main à son chapeau.

— Ah ! monsieur Pitou, lui dit Catherine, je ne vous reconnaissais pas... mon Dieu ! comme vous avez bonne mine sous votre uniforme !

Puis, tout bas :

— Merci ! merci, mon cher Pitou ! ajouta-t-elle ; oh ! que vous êtes donc bon, et que je vous aime !

Et elle prit la main du capitaine de la garde nationale, qu'elle serra entre les siennes.

Un éblouissement passa sur les yeux de Pitou ; son chapeau s'échappa de la main qui était restée libre, et tomba à terre, et peut-être le pauvre amoureux allait-il tomber lui-même près de son chapeau, quand un grand bruit accompagné de rumeurs menaçantes retentit du côté de la rue de Soissons.

Quelle que fût la cause de ce bruit, Pitou profita de l'incident pour sortir d'embarras.

Il dégagea sa main des mains de Catherine, ramassa son chapeau, et courut se mettre, en criant : « Aux armes ! » à la tête de ses trente-trois hommes.

Disons ce qui causait ce grand bruit et ces rumeurs menaçantes.

On sait que l'abbé Fortier avait été désigné pour célébrer la messe de la fédération sur l'autel de la patrie, et que les vases sacrés et les autres ornements du culte, comme croix, bannières, chandeliers, devaient être transportés, de l'église, sur le nouvel autel dressé au milieu de la place.

C'était le maire, M. de Longpré, qui avait donné les ordres relatifs à cette partie de la cérémonie.

M. de Longpré, on se le rappelle, avait déjà eu affaire à l'abbé Fortier, lorsque Pitou, l'arrêté de M. de la Fayette à la main, avait requis la force armée pour s'emparer des armes détenues par l'abbé Fortier.

Or, M. de Longpré connaissait, comme

tout le monde, le caractère de l'abbé Fortier ; il le savait volontaire jusqu'à l'entêtement, irritable jusqu'à la violence.

Il se doutait bien que l'abbé Fortier n'avait pas gardé un souvenir bien tendre de son intervention dans toute l'affaire des fusils.

Aussi s'était-il contenté, — au lieu de faire une visite à l'abbé Fortier, et de traiter la chose d'autorité civile à autorité religieuse, — aussi s'était-il contenté, disons-nous, d'envoyer au digne serviteur de Dieu le programme de la fête, dans lequel il était dit :

ARTICLE IV.

« La messe sera dite sur l'autel de la patrie par M. l'abbé Fortier. Elle commencera à dix heures du matin.

ARTICLE V.

« Les vases sacrés et autres ornements du culte seront, par les soins de M. l'abbé Fortier, transportés, de l'église de Villers-Cotterets, sur l'autel de la patrie. »

Le secrétaire de la mairie en personne avait remis le programme chez l'abbé Fortier, lequel l'avait parcouru d'un air goguenard, et, d'un ton en tout point pareil à son air, avait répondu :

— C'est bien.

A neuf heures, nous l'avons dit, l'autel de la patrie était entièrement paré de son tapis, de ses rideaux, de sa nappe et de son tableau représentant saint Jean prêchant dans le désert.

Il ne manquait plus que les chandeliers, le tabernacle, la croix et les autres objets nécessaires au service divin.

A neuf heures et demie, ces différents objets n'étaient point encore apportés.

Le maire s'inquiéta.

Il envoya son secrétaire à l'église, afin de s'enquérir si l'on s'occupait du transport des vases sacrés.

Le secrétaire revint en disant qu'il

avait trouvé l'église fermée à double tour.

Alors, il reçut l'ordre de courir jusque chez le bedeau ; le bedeau devait naturellement être l'homme chargé de ce transport.

Il trouva le bedeau la jambe étendue sur un tabouret, et faisant des grimaces de possédé.

Le malheureux porte-baleine s'était donné une entorse !

Le secrétaire reçut, alors, l'ordre de courir chez les chantres.

Tous deux avaient le corps dérangé ; pour se remettre, l'un avait pris un vomitif, l'autre un purgatif; les deux médicaments opéraient d'une façon miraculeuse, et les deux malades espéraient être parfaitement remis le lendemain.

Le maire commença à soupçonner une conspiration ; il envoya son secrétaire chez l'abbé Fortier.

L'abbé Fortier avait été pris, le matin même, d'une attaque de goutte, et sa sœur tremblait que sa goutte ne lui remontât dans l'estomac.

Dès lors, pour M. de Longpré, il n'y eut plus de doute : non-seulement l'abbé Fortier ne voulait pas dire la messe sur l'autel de la patrie; mais, en mettant hors de service le bedeau et les chantres;

mais, en fermant à double tour la porte de l'église, il empêchait qu'un autre prêtre, s'il s'en trouvait un là par hasard, ne dît la messe à sa place.

La situation était grave.

A cette époque, on ne croyait pas encore que l'autorité civile, dans les grandes circonstances, pût se séparer de l'autorité religieuse, et qu'une fête quelconque pût aller sans messe.

Quelques années plus tard, on tomba dans l'excès contraire.

D'ailleurs, tous ces voyages du secrétaire ne s'étaient pas exécutés, aller et retour, sans que celui-ci commît quelques indiscrétions à l'endroit de l'entorse du bedeau, du vomitif du premier chantre, du purgatif du second, et de la goutte de l'abbé.

Une sourde rumeur commençait à courir dans la population.

On ne parlait de rien de moins que d'enfoncer les portes de l'église, pour y prendre les vases sacrés et les ornements du culte, et de traîner de force l'abbé Fortier à l'autel de la patrie.

M. de Longpré, homme essentiellement conciliateur, calma ces premiers mouvements d'effervescence, et offrit d'aller en ambassadeur trouver l'abbé Fortier.

En conséquence, il s'achemina vers la

rue de Soissons, et frappa à la porte du digne abbé, aussi soigneusement verrouillée que celle de l'église.

Mais il eut beau frapper, la porte resta close.

M. de Longpré crut, alors, qu'il était nécessaire de requérir l'intervention de la force armée.

Il donna l'ordre de prévenir le maréchal-des-logis et le brigadier de la gendarmerie.

Tous deux étaient sur la grande place ; ils accoururent à l'appel du maire.

Un immense concours de population les suivait.

Comme on n'avait ni baliste ni catapulte pour enfoncer la porte, on envoya tout simplement chercher un serrurier.

Mais, au moment où le serrurier mettait le crochet dans la serrure, la porte s'ouvrit, et l'abbé Fortier parut sur le seuil.

Non point tel que Coligny, demandant à ses assassins : « Mes frères, que me voulez-vous ? »

Mais tel que Calchas, l'œil en feu et *le poil hérissé*, comme dit Racine dans *Iphigénie*.

— Arrière ! cria-t-il en levant sa main avec un geste menaçant, arrière, hérétiques, impies, huguenots, relaps! Arrière, amalécites, sodomistes, gomorrhéens, débarrassez le seuil de l'homme du Seigneur!...

Il y eut un grand murmure dans la foule, murmure qui n'était pas, il faut le dire, en faveur de l'abbé Fortier.

— Pardon, dit M. de Longpré avec sa voix douce et à laquelle il avait donné l'accent le plus persuasif possible, pardon, monsieur l'abbé, nous désirons savoir seulement si vous voulez, ou si vous ne voulez pas dire la messe sur l'autel de la patrie.

— Si je veux dire la messe sur l'autel de la patrie? s'écria l'abbé entrant dans une de ces saintes colères auxquelles il était si enclin; si je veux sanctionner la révolte, la rébellion, l'ingratitude? si je veux demander à Dieu de maudire la vertu et de bénir le péché? Vous ne l'avez pas espéré, monsieur le maire!... Vous voulez savoir si oui ou non je dirai votre messe sacrilège? Eh bien! non, non, non! je ne la dirai pas!

— C'est bien, monsieur l'abbé, répondit le maire, vous êtes libre, et l'on ne peut pas vous forcer.

— Ah! c'est bien heureux, que je sois libre, dit l'abbé; c'est bien heureux qu'on ne puisse pas me forcer... en vérité, vous êtes trop bon, monsieur le maire.

Et, avec un ricanement des plus insolents, il commença de repousser la porte au nez des autorités.

La porte allait présenter, comme on dit en langage vulgaire, son visage de bois à l'assemblée tout abasourdie, quand un homme s'élança hors de la foule, et, d'un puissant effort, rouvrit le battant aux trois quarts fermé, et manqua de jeter l'abbé à la renverse, si vigoureux qu'il fût.

Cet homme, c'était Billot; Billot, pâle de colère, le front plissé, les dents grinçantes.

Billot, on se le rappelle, était un philosophe; en cette qualité, il détestait les prêtres, qu'il appelait des calotins et des fainéants.

Il se fit un silence profond; on comprit qu'il allait se passer quelque chose de terrible entre ces deux hommes.

Et, cependant, Billot, qui venait, pour repousser la porte, de déployer une si grande violence, Billot débuta d'une voix calme, presque douce.

— Pardon, monsieur le maire, demanda-t-il à son tour, comment avez-dit cela?.. Vous avez dit, — répétez donc, je vous prie, — vous avez dit que, si M. l'abbé ne voulait pas célébrer l'office, on ne pouvait pas le forcer à le faire?

— Oui, en effet, balbutia le pauvre

M. de Longpré, oui, je crois bien avoir dit cela.

— Ah! c'est qu'alors, vous avez avancé une grande erreur, monsieur le maire, et, dans le temps où nous sommes, il est important que les erreurs ne se propagent pas.

— Arrière, sacrilège! arrière, impie! arrière, relaps! arrière, hérétique! cria l'abbé s'adressant à Billot.

— Oh! dit Billot, monsieur l'abbé, taisons-nous ou cela finira mal, c'est moi qui vous en avertis... Je ne vous insulte pas, je discute; M. le maire croit qu'on ne peut pas vous forcer à dire la messe; moi, je prétends qu'on peut vous y forcer.

— Ah! manichéen! s'écria l'abbé; ah! parpaillot!

— Silence! dit Billot; je le dis et je le prouve.

— Silence! cria tout le monde, silence!

— Vous entendez, monsieur l'abbé, dit Billot avec le même calme, tout le monde est de mon avis. Je ne prêche pas aussi bien que vous; mais il paraît que je dis des choses plus intéressantes, puisque l'on m'écoute.

L'abbé avait bien envie de répliquer par quelque nouvel anathême, mais cette voix puissante de la multitude lui imposait malgré lui.

— Parle, parle, fit-il d'un air railleur ; nous allons voir ce que tu vas dire.

— Vous allez voir, en effet, monsieur l'abbé, dit Billot.

— Va donc, je t'écoute.

— Et vous faites bien.

Puis, jetant un regard de côté sur l'abbé, comme pour s'assurer que celui-ci allait se taire, tandis qu'il parlerait :

— Je dis donc, continua Billot, une chose bien simple, c'est que quiconque reçoit un salaire est obligé, en échange de ce salaire, de faire le métier pour lequel il est payé.

— Ah! dit l'abbé, je te vois venir...

— Mes amis, dit Billot, avec la même douceur de voix et en s'adressant aux deux ou trois cents spectateurs de cette scène, que préférez-vous, entendre les injures de M. l'abbé ou écouter mes raisonnements?

— Parlez, monsieur Billot, parlez, nous écoutons.... silence, l'abbé! silence!

Billot, cette fois, se contenta de regarder l'abbé, et continua.

— Je disais donc que quiconque touche un salaire est obligé de faire le métier pour lequel il est payé. Par exemple, voici M. le secrétaire de la mairie ; il est payé pour faire les écritures de M. le maire, pour porter les messages, pour rendre les réponses de ceux auxquels ces messages sont adressés ; M. le maire l'a envoyé chez vous, monsieur l'abbé, pour vous porter le programme de la fête ; eh bien, il ne lui serait pas venu dans l'idée de dire : « Monsieur le maire, je ne veux pas porter le programme de la fête à M. Fortier. » — N'est-ce pas, monsieur le secrétaire, que cela ne vous serait pas venu dans l'idée ?

— Non, monsieur Billot, répondit naïvement le secrétaire, ma foi, non !

— Vous entendez, monsieur l'abbé ? dit Billot.

— Blasphémateur! s'écria l'abbé.

— Silence! dirent les assistants,

Billot poursuivit.

— Voici M. le maréchal-des-logis de la gendarmerie, qui est payé pour mettre le bon ordre là où le bon ordre est ou peut être troublé; quand M. le maire a pensé tout à l'heure que le bon ordre pouvait être troublé par vous, monsieur l'abbé, et qu'il lui a fait dire de venir à son aide, M. le maréchal-des-logis n'a pas eu l'idée de lui dire : « Monsieur le maire, rétablissez l'ordre comme vous l'entendrez, mais rétablissez-le sans moi. » — Vous n'avez pas eu l'idée de lui dire cela, n'est-ce pas, monsieur le maréchal-des-logis?

— Ma foi, non! c'était mon devoir de venir, dit simplement le maréchal-des-logis, et je suis venu.

— Vous entendez, monsieur l'abbé? dit Billot.

— L'abbé grinça des dents.

— Attendez, fit Billot, voici un brave homme de serrurier, son état, comme l'indique son nom, est de fabriquer et d'ouvrir ou de fermer des serrures. Tout à l'heure, M. le maire l'a envoyé chercher pour qu'il vînt ouvrir votre porte; il ne lui a pas pris l'idée un instant de répondre à M. le maire : « Je ne veux pas ouvrir la porte de M. Fortier. » N'est-ce pas, Priard, que cette idée-là ne t'est pas venue?

— Ma foi, non! dit le serrurier; j'ai pris mes crochets, et je suis venu. Que chacun fasse son métier, et les vaches seront bien gardées.

— Vous entendez, monsieur l'abbé? dit Billot.

L'abbé voulut interrompre, mais Billot l'arrêta d'un geste.

— Eh bien donc, continua-t-il, d'où vient, dites-moi cela, que vous, qui êtes élu pour donner l'exemple, quand tout le monde fait son devoir ici, vous seul, entendez-vous bien, vous seul ne le fassiez pas?

— Bravo, Billot! bravo! crièrent d'une seule voix les assistants.

— Non-seulement vous seul ne le faites pas, répéta Billot ; mais encore vous seul donnez l'exemple du désordre et du mal.

— Oh ! dit l'abbé Fortier, comprenant qu'il fallait se défendre, l'Église est indépendante, l'Église n'obéit à personne, l'Église ne relève que d'elle-même !

— Eh ! voilà justement le mal, dit Billot, c'est que vous faites un pouvoir dans le pays, un corps dans l'État ! Vous êtes Français ou étrangers, vous êtes citoyens ou vous ne l'êtes pas ; si vous n'êtes pas citoyens, si vous n'êtes pas Français, si vous êtes Prussiens, Anglais ou Autrichiens, si c'est M. Pitt, M. Cobourg ou M. de Kaunitz qui vous paie, obéissez à

M. Pitt, à M. Cobourg ou à M. de Kaunitz; mais si vous êtes Français, si vous êtes citoyen, si c'est la nation qui vous paie, obéissez à la nation !

— Oui, oui, crièrent trois cents voix.

— Et, alors, dit Billot le sourcil froncé, l'œil plein d'éclairs, et allongeant sa main puissante jusque sur l'épaule de l'abbé, — et, alors, au nom de la nation, prêtre ! je te somme de remplir ta mission de paix, et d'appeler les faveurs du ciel, les largesses de la Providence, la miséricorde du Seigneur sur tes concitoyens et sur ta patrie !... Viens ! viens !

— Bravo, Billot ! vive Billot ! crièrent toutes les voix. A l'autel, à l'autel, le prêtre !

Et, encouragé par ces acclamations, de son bras vigoureux, le fermier tira hors de la voûte protectrice de sa grande porte le premier prêtre peut-être qui, en France, eût donné aussi ouvertement le signal de la contre-révolution.

L'abbé Fortier comprit qu'il n'y avait pas de résistance possible.

— Eh bien, oui, dit-il, le martyre! j'appelle le martyre! j'invoque le martyre! je demande le martyre!

Et il entonna à pleine voix le *Libera nos, Domine*.

C'était ce cortège étrange qui s'avançait vers la grande place à travers les cris et les clameurs dont le bruit était venu frapper Pitou, au moment où il était tout près de s'évanouir sous les remerciements, les tendres paroles et la pression de main de Catherine.

VI

La Déclaration des Droits de l'homme.

Pitou, à qui ce bruit avait rappelé celui des émeutes parisiennes qu'il avait entendu plus d'une fois, croyant voir s'approcher quelque bande d'assassins, croyant qu'il allait avoir à défendre quelque nouveau Flesselles, quelque nouveau Foulon, quelque nouveau Berthier, Pitou avait crié : « Aux armes! » et avait été se mettre à la tête de ses trente-trois hommes.

Alors, la foule s'était ouverte, et il avait vu s'avancer l'abbé Fortier, traîné par Billot, et auquel il ne manquait qu'une palme pour ressembler aux anciens chrétiens que l'on menait au cirque.

Un mouvement naturel le poussa à la défense de son ancien professeur, dont il ignorait encore le crime.

— Oh! monsieur Billot! s'écria-t-il en s'élançant au-devant du fermier.

— Oh! mon père! s'écria Catherine avec un mouvement si identiquement pareil, qu'on l'eût cru réglé par un habile metteur en scène.

Mais il ne fallut qu'un regard de Billot pour arrêter Pitou d'un côté et Catherine de l'autre. Il y avait de l'aigle et du lion dans cet homme, qui représentait l'incarnation du peuple.

Arrivé au pied de l'estrade préparée, il lâcha de lui-même l'abbé Fortier, et, la lui montrant du doigt :

— Tiens, dit-il, le voilà, cet autel de la patrie sur lequel tu dédaignes d'officier, et dont à mon tour, moi, Billot, je te déclare indigne d'être le desservant ; pour gravir ses marches sacrées, il faut se sentir le cœur plein de trois sentiments : le désir de la liberté, le dévouement à la patrie, l'amour de l'humanité. Prêtre, désires-tu l'affranchissement du monde? prêtre, es-tu dévoué à ton pays? prêtre, aimes-tu ton prochain plus que toi-même? Alors, monte hardiment à cet autel, et invoque Dieu; mais, si tu ne te sens pas le premier entre nous tous comme citoyen, cède la place au plus digne, et retire-toi, disparais, va-t-en!

— Oh! malheureux! dit l'abbé en se retirant et en menaçant Billot du doigt, tu ne sais pas à qui tu déclares la guerre!

— Si fait, je le sais, dit Billot, je déclare la guerre aux loups, aux renards et aux serpents, à tout ce qui pique, à tout ce qui mord, à tout ce qui déchire dans les ténèbres. Eh bien, soit, ajouta-t-il en frappant, avec un geste plein de puissance, sa large poitrine de ses deux mains, déchirez, mordez, piquez... il y a de quoi !

Il se fit un moment de silence pendant lequel toute cette foule s'ouvrit pour laisser échapper le prêtre, et, s'étant refermée, demeura immobile et en admiration devant cette vigoureuse nature s'offrant comme une cible aux coups du pouvoir terrible qui, à cette époque, tenait encore la moitié du monde étouffée entre ses bras, et que l'on appelait le clergé.

Il n'y avait plus de maire, plus d'adjoint, plus de conseil municipal ; il n'y avait plus que Billot.

M. de Longpré s'approcha de lui.

— Mais, avec tout cela, monsieur Billot, lui dit-il, nous n'avons plus de prêtre?

— Eh bien, après? demanda Billot.

— N'ayant plus de curé, nous n'avons plus de messe !

— Le grand malheur! dit Billot, qui, depuis sa première communion, n'avait mis que deux fois le pied à l'église : le jour de son mariage et le jour du baptême de sa fille.

— Je ne dis pas que ce soit un grand malheur, dit le maire, qui tenait, et pour cause, à ne pas contrarier Billot; mais qu'allons-nous mettre à la place de la messe?

— A la place de la messe? s'écria Billot sous l'élan d'une véritable inspiration, je vais vous le dire. Montez avec moi à l'autel de la patrie, monsieur le maire; monte avec moi, Pitou; vous à ma droite, toi à ma gauche; c'est cela!... Ce que nous allons mettre à la place de la messe, écoutez-bien tous, dit Billot, c'est la *Déclaration des Droits de l'Homme,* c'est le *Credo* de la liberté, c'est l'Évangile de l'avenir!

Toutes les mains battirent simultanément; tous ces hommes, libres de la veille, ou plutôt déchaînés à peine, tous ces hommes étaient avides de connaître les droits qui venaient de leur être reconquis, et dont ils n'avaient pas joui encore.

Ils avaient bien autrement soif de cette parole-là que de celle que l'abbé Fortier appelait la parole céleste.

Placé entre le maire, qui représentait la force légale, et Pitou, qui représentait la force armée, Billot étendit la main, et, par cœur, de mémoire, de souvenir, — l'honnête fermier ne savait pas lire, on se le rappelle, — il prononça d'une voix sonore les paroles suivantes, que toute la population écouta debout, silencieuse et la tête découverte :

Déclaration des Droits de l'Homme.

« ARTICLE PREMIER :

« Les hommes naissent et demeurent libres et égaux en droits. Les distinctions sociales ne peuvent être fondées que sur l'utilité commune.

« ART. 2.

« Le but de toute association politique est la conservation des droits naturels et imprescriptibles de l'homme ; ces droits sont : la propriété, la sûreté et la résistance à l'oppression... »

Ces mots : *et la résistance à l'oppression,* furent prononcés par Billot en homme qui a vu tomber devant lui les murailles de la Bastille, et qui sait que rien ne résiste au bras du peuple, quand le peuple étend le bras.

Aussi soulevèrent-ils une de ces clameurs qui, poussées par les foules, ressemblent à des rugissements.

Il continua :

« ART. 3.

« Le principe de toute souveraineté réside essentiellement dans la nation ; nul corps, nul individu ne peut exercer d'autorité qui n'en émane essentiellement... »

Cette dernière phrase rappelait trop

vivement à ceux qui l'écoutaient la discussion qui venait d'avoir lieu entre Billot et l'abbé Fortier, et dans laquelle Billot avait invoqué ce principe, pour passer inaperçue ; et elle fut couverte de bravos et d'applaudissements.

Billot laissa s'éteindre bravos et applaudissements, et poursuivit :

« ART. 4.

« La liberté consiste à pouvoir faire tout ce qui ne nuit pas à autrui. Ainsi l'exercice des droits naturels de chaque homme n'a de bornes que celles qui assurent aux autres membres de la société les jouissances de ces mêmes droits. Ces bornes ne peuvent être déterminées que par la loi... »

Cet article avait quelque chose d'un peu abstrait pour les esprits simples qui l'écoutaient; aussi passa-t-il plus froidement que les autres, tout article fondamental qu'il était.

« ART. 5.

« La loi, continua Billot, n'a le droit de défendre que les actions nuisibles à la société; tout ce qui n'est pas défendu par la loi ne peut être empêché, et nul ne peut être contraint à faire ce qu'elle n'ordonne pas... »

— C'est-à-dire, demanda une voix dans la foule, que, comme la loi n'ordonne plus la corvée et a aboli la dîme, les prêtres ne pourront plus jamais venir prendre la dîme sur mon champ, ni le roi me forcer à la corvée ! *non, mais ce sera le tour de la république ou de l'usurpateur, qui créeront de nouveaux impôts successifs, qui ruineront nos ressources, sans nous donner le bonheur promis.*

— Justement, dit Billot, répondant au questionneur, et nous sommes, dès à présent et dans l'avenir, exempts de ces honteuses vexations.

— En ce cas, vive la loi! dit le questionneur.

Et tous les assistants répétèrent en chœur : « Vive la loi ! »

Billot reprit :

« ART. 6.

« La loi est l'expression de la volonté générale... »

Puis, s'arrêtant et levant solennellement le doigt :

— Écoutez bien ceci, dit-il, amis, frères, citoyens, hommes !

« Tous les Français ont le droit de concourir personnellement, ou par leurs représentants, à la formation de la loi... »

Et, haussant la voix pour que pas une syllabe de ce qu'il disait ne fût perdue :

« Elle doit être la même pour tous, soit qu'elle protège, soit qu'elle punisse... »

Puis, plus haut encore :

« Tous les citoyens, égaux à ses yeux, sont également admissibles à toutes dignités, places et emplois publics, selon leur *capacité*, et sans autre distinction que celle de leurs *vertus* et de leurs *talents...* »

L'article 6 souleva d'unanimes applaudissements.

Billot passa à l'article 7.

« Nul homme, dit-il, ne peut être accusé, arrêté ni détenu que dans les cas déterminés par la loi, et selon les formes qu'elle a prescrites. Ceux qui sollicitent, expédient, exécutent ou font exécuter des ordres arbitraires doivent être punis. Mais tout citoyen appelé ou saisi en vertu de la loi doit obéir à l'instant ; il se rend coupable par la résistance.

« ART. 8.

« La loi ne doit établir que des peines strictement nécessaires, et nul ne peut être puni qu'en vertu d'une loi établie et promulguée antérieurement au délit, et légalement appliquée.

« ART. 9.

« Tout homme étant présumé innocent jusqu'à ce qu'il ait été déclaré coupable, s'il est jugé indispensable de l'arrêter, toute rigueur qui ne serait pas jugée nécessaire pour s'assurer de sa personne, doit être sévèrement réprimée par la loi.

« ART. 10.

« Nul ne peut être inquiété pour ses opinions, même religieuses, pourvu que leur manifestation ne trouble pas l'ordre établi par la loi.

« ART. 11.

« La libre communication des pensées et des opinions est un des droits les plus précieux de l'homme ; tout citoyen peut donc parler, écrire, imprimer librement, sauf à répondre de l'abus de cette liberté dans les cas déterminés par la loi.

« ART. 12.

« La garantie des droits de l'homme et du citoyen nécessite une force publique. Cette force est donc instituée pour l'avantage de tous, et non pour l'utilité particulière de ceux auxquels elle est confiée.

« ART. 13.

« Pour l'entretien de la force publique et pour les dépenses d'administration, une contribution commune est indispensable ; elle doit être également répartie entre tous les citoyens en raison de leurs facultés.

« ART. 14.

« Tous les citoyens ont le droit de constater par eux-mêmes ou par leurs représentants la nécessité de la contribution publique, de la consentir librement, d'en suivre l'emploi et d'en déterminer la quotité, l'assiette, le recouvrement et la durée.

« ART. 15.

« La société a le droit de demander à

tout agent public compte de son administration.

« ART. 16.

« Toute société dans laquelle la garantie des droits n'est pas assurée, ni la séparation des pouvoirs déterminée, n'a pas de constitution.

« ART. 17.

« La propriété étant un droit inviolable et sacré, nul ne peut en être privé, si ce n'est lorsque la nécessité publique, légalement constatée, l'exige évidemment, et sous la condition d'une juste et préalable indemnité. »

— Et, maintenant, continua Billot, voici l'application de ces principes.

Écoutez, frères! écoutez, citoyens! hommes que cette déclaration de vos droits vient de faire libres, écoutez ?

— Chut! silence! écoutons! dirent ensemble vingt voix dans la foule.

Billot reprit :

« L'Assemblée nationale, voulant établir la Constitution française sur les principes qu'elle vient de reconnaître et de déclarer, abolit irrévocablement les institutions qui blessaient la liberté et l'égalité des droits... »

La voix de Billot prit, pour continuer, un accent terrible de haine et de menace.

« Il n'y a plus, poursuivit-il, ni noblesse, ni pairie, ni distinctions héréditaires, ni distinctions d'ordres, ni régime féodal, ni justice patrimoniale, ni aucun des titres, dénominations et prérogatives qui en dérivent, ni aucun ordre de chevalerie, ni aucune des corporations ou décorations pour lesquelles on exigeait des preuves de noblesse, ou qui supposaient des distinctions de naissance, ni aucune autre supériorité que celle des fonctionnaires publics dans l'exercice de leurs fonctions.

« Il n'y a plus ni vénalité, ni hérédité d'aucun office public ; il n'y a plus, pour aucune partie de la nation, ni pour aucun individu, aucun privilège ni exception au droit commun de tous les Français.

« Il n'y a plus ni jurandes, ni corporations de professions, arts et métiers.

« Enfin, la loi ne reconnaît plus ni vœux religieux, ni aucun autre engagement qui serait contraire aux droits naturels ou à la Constitution. »

Billot se tut.

On avait écouté dans un religieux silence.

Pour la première fois, le peuple entendait avec étonnement la reconnaissance de ses droits, proclamés au grand jour, à la lumière du soleil, à la face du Seigneur, auquel, depuis si longtemps, il demandait dans ses prières cette charte naturelle, qu'il n'obtenait qu'après des siècles d'esclavage, de misère et de souffrances.

Pour la première fois, l'homme, l'homme réel, celui sur lequel l'édifice de la monarchie, avec sa noblesse à droite et son clergé à gauche, pesait depuis six cents ans; pour la première fois, l'ouvrier, l'artisan, le laboureur, venait de reconnaître sa force, d'apprécier sa valeur, de calculer la place qu'il tenait sur la terre, de mesurer l'ombre qu'il faisait au soleil, et, tout cela, non point en vertu du bon plaisir d'un maître, mais à la voix d'un de ses égaux.

Aussi, quand, après ces dernières paroles : « La loi ne reconnaît plus ni vœux religieux ni aucun autre engagement qui serait contraire aux droits naturels et à la Constitution ; » quand, après ces mots, disons-nous, Billot poussa le cri, encore si nouveau, qu'il semblait criminel, de « Vive la Nation ! » quand, étendant les deux mains, il réunit sur sa poitrine dans un embrassement fraternel, l'écharpe du maire et les épaulettes du capitaine, quoique ce maire fût celui d'une petite ville, quoique ce capitaine fût le chef d'une poignée de paysans, comme, malgré l'infimité de ceux qui le représentaient, ce principe n'en était pas moins grand, — toutes les bouches répétèrent le cri de « Vive la Nation ! » et tous les bras, s'ouvrant, se refermèrent, pour une étreinte générale, dans la sublime fusion de tous les cœurs en un seul cœur, dans la gravitation de tous les intérêts particuliers vers le dévouement commun.

C'était une de ces scènes dont Gilbert avait parlé à la reine, et que la reine n'avait pas comprises.

Billot descendit de l'autel de la patrie au milieu des cris de joie et des acclamations de la population tout entière.

La musique de Villers-Cotterets, réunie aux musiques des villages voisins, commença aussitôt l'air des réunions fraternelles, l'air des noces et des baptêmes : *Où peut on être mieux qu'au sein de sa famille?*

Et, en effet, à partir de cette heure, la France devenait une grande famille ; à partir de cette heure, les haines de religion étaient éteintes, les préjugés de provinces anéantis ; à partir de cette heure, ce qui se fera un jour pour le monde se faisait pour la France ; la géographie était tuée, plus de montagnes, plus de fleuves, plus d'obstacles entre les hommes : — une langue ! une patrie ! un cœur !

Et, sur cet air naïf avec lequel la famille avait autrefois accueilli Henri IV; et avec lequel aujourd'hui un peuple saluait la liberté, une immense farandole commença qui, se déployant à l'instant même comme une chaîne sans fin, roula ses anneaux vivants, du centre de la place, jusqu'à l'extrémité des rues qui y aboutissaient.

Puis on dressa des tables devant les portes ; pauvre ou riche, chacun apporta son plat, son pot de cidre, sa choppe de bière, sa bouteille de vin ou sa cruche d'eau, et tout une population prit sa part de cette grande agape en bénissant Dieu. Six mille citoyens communièrent à la même table, — sainte table de la fraternité !

Billot fut le héros de la journée.

Il en partagea généreusement les honneurs avec le maire et Pitou.

Inutile de dire que, dans la farandole, Pitou trouva moyen de donner la main à Catherine.

Inutile de dire qu'à table, Pitou trouva moyen d'être placé près de Catherine.

Mais elle était triste, la pauvre enfant! Sa joie du matin avait disparu comme disparaît un frais et riant rayon de l'aurore sous les vapeurs orageuses du midi.

Dans sa lutte avec l'abbé Fortier, dans sa déclaration des droits de l'homme, son père avait jeté le défi au clergé et à la noblesse ; défi d'autant plus terrible qu'il venait de plus bas.

Elle avait pensé à Isidore, qui n'était plus rien, rien que ce qu'était tout autre homme.

Ce n'était pas le titre, ce n'était pas le rang, ce n'était pas la richesse qu'elle regrettait en lui, — elle eût aimé Isidore simple paysan, — mais il lui semblait qu'on était violent, injuste, brutal envers ce jeune homme ; il lui semblait, enfin, que son père, en lui arrachant ses titres et ses privilèges, au lieu de le rapprocher d'elle un jour, devait l'en éloigner à tout jamais.

Quant à la messe, personne n'en parla plus. On pardonna presque à l'abbé Fortier sa sortie contre-révolutionnaire;

seulement, il s'aperçut, le lendemain, à sa classe presque vide, du coup que le refus d'officier sur l'autel de la patrie avait porté à sa popularité près des parents patriotes de Villers-Cotterets.

VII

Sous la fenêtre.

La cérémonie que nous venons de raconter, et qui, par des fédérations partielles, avait pour but de relier entre elles toutes les communes de France, n'était que le prélude de la grande fédération qui devait avoir lieu à Paris, le 14 juillet 1790.

Dans ces fédérations partielles, les communes jetaient d'avance les yeux sur les députés qu'elles enverraient à la fédération générale.

Le rôle qu'avaient joué, dans cette journée du dimanche 18 octobre, Billot et Pitou les désignait naturellement aux suffrages de leurs concitoyens, quand le grand jour de la fédération générale serait arrivé.

Mais, en attendant ce grand jour, tout était rentré dans les conditions de la vie ordinaire, dont chacun venait de sortir momentanément par la secousse qu'avait donnée aux calmes habitudes provinciales ce mémorable évènement.

Quand nous parlons des calmes habitudes provinciales; nous ne voulons pas dire qu'en province moins qu'ailleurs la vie ait son cours égayé par les joies ou assombri par les douleurs ; il n'y a pas de ruisseau, si petit qu'il soit, depuis celui qui murmure sous l'herbe du verger d'un pauvre paysan jusqu'au fleuve majestueux qui descend des Alpes comme d'un trône, pour aller se jeter dans la mer comme un conquérant, qui n'ait sur sa rive, humble ou orgueilleuse, semée de pâquerettes ou brodée de villes, ses intervalles d'ombre et de soleil.

Et, si nous en doutions, — après le palais des Tuileries, où nous avons introduit nos lecteurs, — la ferme du père

Billot, où nous venons de les ramener, pourrait nous en donner un exemple.

Non point qu'à la surface tout ne parût calme et prsque souriant; en effet, le matin, vers cinq heures, la grande porte donnant du côté de la plaine où s'étend la forêt, l'été comme un vert rideau, l'hiver comme un crêpe sombre, la grande porte s'ouvrait; le semeur en sortait à pied, son sac de froment mêlé de cendres sur l'épaule; le laboureur à cheval, allant chercher dans les champs la charrue dételée au bout du sillon de la veille; la vachère, conduisant son troupeau mugissant guidé par le taureau, majestueux dominateur suivi de ses vaches et de ses génisses, parmi lesquelles marche la vache favorite, que l'on reconnaît à sa clochette sonore; enfin, derrière eux tous, monté sur son vigoureux hongre normand trottant l'amble, venait Billot, le maître, l'âme, la vie de tout ce monde en miniature, de tout ce peuple en abrégé.

Un observateur désintéressé n'eût point remarqué sa sortie, et, dans cet œil recouvert d'un sourcil sombre et interrogeant les environs, dans cette oreille attentive à tous les bruits, dans ce cercle décrit autour de la ferme, et pendant la durée duquel son regard, comme celui d'un chasseur qui relève une piste et qui trace une enceinte, ne quittait pas un instant la terre, un spectateur indifférent n'eût vu que l'acte d'un propriétaire s'assurant que la journée sera belle, et que, pendant la nuit, loups pour ses bergeries, sangliers pour ses pommes de terre, lapins pour ses trèfles, ne sont point sortis de la forêt, asile dans lequel peut seul les atteindre encore le plomb princier du duc d'Orléans et de ses gardes.

Mais, pour quelqu'un qui eût su ce qui se passait au fond de l'âme du brave fermier, chacun de ses gestes ou de ses pas eût pris un caractère plus grave.

Ce qu'il regardait à travers l'obscurité, c'est si quelque rôdeur ne se rapprochait pas ou ne s'éloignait pas furtivement de la ferme.

Ce qu'il écoutait dans le silence, c'est si quelque appel mystérieux ne correspondait point, de la chambre de Catherine, aux bouquets de saule bordant la route ou aux fossés séparant la forêt de la plaine.

Ce qu'il demandait à la terre, interrogée si vivement par son regard, c'est si elle n'avait point gardé l'empreinte d'un pas dont la légèreté ou la petitesse eût dénoncé l'aristocratie.

Quant à Catherine, nous l'avons dit, quoique le visage de Billot se fût un peu adouci pour elle, elle ne continuait pas moins à sentir, comme une gardienne effarée, passer autour d'elle à chaque instant la défiance paternelle; il en résultait que, pendant ses longues nuits d'hiver solitaires et anxieuses, elle en était à se demander si elle préférait qu'Isidore revînt à Boursonne, ou demeurât éloigné d'elle.

Pour la mère Billot, elle avait repris sa vie végétative; son mari était de retour, sa fille avait recouvré la santé, elle ne regardait point au-delà de cet horizon borné, et il eût fallu un œil autrement exercé que le sien pour aller chercher, au fond du cœur de son mari, le soupçon; au fond du cœur de sa fille, l'angoisse.

Pitou, après avoir savouré, avec un orgueil mélangé de tristesse, son triomphe de capitaine, était retombé dans son état habituel, c'est-à-dire dans une douce et bienveillante mélancolie. Suivant sa régularité ordinaire, il faisait le matin sa visite à la mère Colombe; s'il n'y avait point de lettre pour Catherine, il revenait tristement à Haramont, car il songeait que, de la journée, Catherine, ne recevant point de lettres d'Isidore, n'aurait pas occasion de penser à celui qui les apportait; s'il y avait une lettre, au contraire, il la déposait religieusement dans le creux du saule, et revenait souvent plus triste encore que les jours où il n'y en avait pas, en songeant, cette fois, que Catherine ne pensait à lui que par ricochet, et parce que le beau gentilhomme que la **Déclaration des Droits de l'Homme** avait bien pu priver de son titre, mais n'avait pu priver de sa grâce et de son élégance, était le fil conducteur grâce auquel il percevait la sensation presque douloureuse du souvenir.

Cependant, comme il est facile de le comprendre, Pitou n'était point un messager purement passif, et, s'il était muet, il n'était pas aveugle. A la suite de son interrogatoire sur Turin et sur la Sardaigne, qui lui avait révélé le but du voyage d'Isidore, il avait reconnu, au timbre des lettres, que le jeune gentilhomme était dans la capitale du Piémont; puis, un jour, le timbre des lettres avait porté le mot *Lyon*, au lieu du mot *Turin*, et, enfin, deux jours après, et c'était le 25 décembre, une lettre était arrivée portant le mot *Paris,* au lieu du mot *Lyon.*

Alors, sans avoir besoin d'un grand effort de perspicacité, Pitou avait compris que le vicomte Isidore de Charny avait quitté l'Italie et était rentré en France.

Maintenant, une fois à Paris, il était évident qu'il ne tarderait pas à quitter Paris pour Boursonne.

Le cœur de Pitou se serra ; sa résolution de dévouement était prise, mais son cœur n'était point pour cela insensible aux différentes émotions qui venaient l'assaillir.

Aussi, le jour où arriva cette lettre

datée de Paris, Pitou, pour se faire un prétexte, résolut-il d'aller placer ses collets sur la garderie de la Bruyère-aux-Loups, où nous l'avons vu fructueusement opérer au commencement de cet ouvrage.

Or, la ferme de Pisseleu était juste située sur la route d'Haramont à cette partie de la forêt qu'on appelle la Bruyère-aux-Loups.

Il n'y avait donc rien d'étonnant à ce que Pitou s'y arrêtât en passant.

Il choisit pour s'y arrêter l'heure où Billot faisait aux champs sa course de l'après-dinée.

Selon son habitude, Pitou, coupant

à travers plaines, allait d'Haramont à la grande route de Villers-Cotterets, de la grande route à la ferme de Noue, et de la ferme de Noue, par les ravins, à celle de Pisseleu. Puis il contournait les murs de la ferme, longeait les bergeries et les étables, et finissait par se trouver en face de la porte d'entrée, de l'autre côté de laquelle s'élevaient les bâtiments d'habitation.

Cette fois encore, il suivit sa route accoutumée.

Arrivé à la porte de la ferme, il regarda autour de lui, comme eût pu faire Billot, et il aperçut Catherine à la fenêtre.

Catherine semblait attendre ; son œil

vague, sans se fixer sur aucun point, parcourait toute l'étendue de forêt comprise entre le chemin de Villers-Cotterets à la Ferté-Milon et celui de Villers-Cotterets à Boursonne.

Pitou ne cherchait point à surprenprendre Catherine ; il s'arrangea de manière à se trouver dans le rayon parcouru par son œil, et, en le rencontrant, l'œil de la jeune fille s'arrêta sur lui.

Elle lui sourit. Pitou pour Catherine n'était plus qu'un ami, ou plutôt Pitou était, pour elle, devenu plus qu'un ami.

Pitou était son confident.

— C'est vous, mon cher Pitou ? dit la

jeune fille ; quel bon vent vous amène de notre côté ?

Pitou montra ses collets roulés autour de son poing.

— J'ai eu l'idée de vous faire manger une couple de lapins bien tendres et bien parfumés, mademoiselle Catherine ; et, comme les meilleurs sont ceux de la Bruyère-aux-Loups, à cause du serpolet qui y pousse à foison, je suis parti longtemps à l'avance afin de vous voir en passant, et de vous demander, en même temps, des nouvelles de votre santé.

Catherine commença par sourire à cette attention de Pitou ; puis, après avoir répondu à la première partie de son discours par un sourire, répondant à la seconde par la parole :

— Des nouvelles de ma santé? vous êtes bien bon, cher monsieur Pitou ; grâce aux soins que vous avez eus de moi, quand j'étais malade, et que vous avez continué de me rendre depuis ma convalescence, je suis à peu près guérie.

— A peu près guérie, reprit Pitou avec un soupir ; je voudrais bien que vous le fussiez tout à fait.

Catherine rougit, poussa un soupir à son tour, prit la main de Pitou, comme si elle allait lui dire quelque chose d'important ; mais, se ravisant sans doute, elle lâcha la main qu'elle tenait, fit quelques pas à travers sa chambre, comme si elle cherchait son mouchoir, et, l'ayant trouvé, elle le passa sur son front couvert de sueur, quoiqu'on fût aux jours les plus froids de l'année.

Aucun de ses mouvements n'échappa au regard investigateur de Pitou.

— Vous avez quelque chose à me dire, mademoiselle Catherine? demanda-t-il.

— Moi?... non, rien ; vous vous trompez, mon cher Pitou, répondit la jeune fille d'une voix altérée.

Pitou fit un effort.

— C'est que, voyez-vous, dit-il, mademoiselle Catherine, si vous aviez besoin de moi, il ne faudrait pas vous gêner.

Catherine réfléchit ou plutôt hésita un instant.

— Mon cher Pitou, dit-elle, vous m'avez prouvé que, dans l'occasion, je pouvais compter sur vous, et je vous en suis bien reconnaissante ; mais, une seconde fois, je vous remercie.

Puis elle ajouta à voix basse :

— Il est même inutile que vous passiez cette semaine à la poste; de quelques jours je ne recevrai pas de lettres.

Pitou fut près de répondre qu'il s'en

doutait; mais peut-être voulut-il voir jusqu'où irait la confiance de la jeune fille envers lui.

Elle se borna à la recommandation que nous venons de dire, et qui avait tout simplement pour but de ne point faire faire tous les matins à Pitou une course inutile.

Cependant, aux yeux de Pitou, la recommandation avait une plus haute portée.

Ce n'était point pour Isidore une raison de ne pas écrire que d'être revenu à Paris.

Si Isidore n'écrivait plus à Catherine, c'est qu'il comptait la voir.

Qui disait à Pitou que cette lettre datée de Paris, et qu'il avait déposée, le matin même, dans le saule creux n'annonçait pas à Catherine l'arrivée prochaine de son amant? Qui lui disait que ce regard perdu dans l'espace lorsqu'il était apparu, et que sa présence avait ramené sur lui-même, ne cherchait pas, à la lisière de la forêt, quelque signe qui indiquât à la jeune fille que son amant était arrivé?

Pitou attendit pour donner tout le temps à Catherine de débattre avec elle-même si elle avait quelque confidence à lui faire; puis, voyant qu'elle gardait obstinément le silence :

— Mademoiselle Catherine, dit-il,

avez-vous remarqué le changement qui se fait chez M. Billot?

La jeune fille tressaillit.

— Ah! dit-elle, répondant à une interrogation par une autre interrogation, avez-vous donc remarqué quelque chose, vous?

— Mademoiselle Catherine, dit Pitou en branlant la tête, il y aura bien sûr un moment, — quand cela? je n'en sais rien! — où celui qui est cause de ce changement passera un mauvais quart-d'heure ; c'est moi qui vous dis cela, entendez-vous?

Catherine pâlit.

Mais, n'en regardant pas moins fixement Pitou :

— Pourquoi dites-vous *celui* et non pas *celle*? demanda la jeune fille. C'est peut-être une femme, et non un homme, qui aura à souffrir de cette colère cachée...

— Ah! mademoiselle Catherine, dit Pitou, vous m'effrayez! Avez-vous donc quelque chose à craindre ?

— Mon ami, dit tristement Catherine, j'ai à craindre ce qu'une pauvre fille qui a oublié sa condition, et qui aime au-dessus d'elle, peut craindre d'un père irrité.

— Mademoiselle, dit Pitou hasardant

un conseil, il me semble qu'à votre place...

Il s'arrêta.

— Il vous semble qu'à ma place? répéta Catherine.

— Eh bien! il me semble qu'à votre place... Ah! mais non, dit-il; vous avez failli mourir pour une simple absence qu'il a faite; s'il vous fallait renoncer à lui, ce serait pour en mourir tout à fait, et je ne veux pas que vous mouriez... Dussé-je vous voir malade et triste, j'aime encore mieux vous voir ainsi que là-bas... au bout du Pleux..... Ah! mademoiselle Catherine, c'est bien malheureux, tout cela!

— Chut! dit Catherine, parlons d'autre chose ou ne parlons pas du tout, voici mon père!

Pitou se retourna dans la direction du regard lancé par Catherine, et vit, en effet, le fermier qui s'avançait au grand trot de son cheval.

En apercevant un homme près de la fenêtre de Catherine, Billot s'arrêta ; puis, sans doute, reconnaissant celui à qui il avait affaire, il continua son chemin.

Pitou fit quelques pas au-devant de lui, souriant à sa venue, et tenant son chapeau à la main.

— Ah! ah! c'est toi, Pitou? dit Billot. Viens-tu nous demander à dîner, mon garçon ?

— Non, monsieur Billot, dit Pitou, je ne me permettrais pas cela ; mais...

En ce moment, il lui sembla qu'un regard de Catherine l'encourageait.

— Mais quoi? reprit Billot.

— Mais... si vous m'invitiez, j'accepterais.

— Eh bien, dit le fermier, je t'invite.

— Alors, répondit Pitou, j'accepte.

Le fermier donna un coup d'éperon

à son cheval, et rentra sous la voûte de la porte cochère.

Pitou se retourna vers Catherine.

— Etait-ce là ce que vous vouliez me dire? demanda-t-il.

— Oui... Il est plus sombre encore aujourd'hui que les autres jours !

Puis, elle ajouta tout bas :

— Oh ! mon Dieu ! est-ce qu'il saurait ?...

— Quoi ? mademoiselle, demanda Pitou, qui, si bas qu'eût parlé Catherine, avait entendu.

— Rien, dit Catherine en se retirant dans sa chambre et en fermant sa fenêtre. Entrez !

VIII

Le père Clouis reparaît sur la scène.

Catherine ne s'était pas trompée : malgré l'accueil affable qu'il avait fait à Pitou, son père paraissait plus sombre que jamais. Il donna une poignée de main à Pitou, et Pitou sentit cette main froide et humide. Sa fille, comme d'habitude, lui présenta ses joues pâles et frissonnantes ; mais il se contenta d'effleurer son front avec ses lèvres ; quant à la mère Billot, elle se leva, par un mouvement qui lui était naturel lorsqu'elle voyait entrer son mari, et qui tenait à la fois du sentiment de son infériorité, et du respect qu'elle lui portait ; mais le fermier ne fit pas même attention à elle.

— Le dîner est-il prêt? demanda-t-il.

— Oui, notre homme, répondit la mère Billot.

— Alors, à table! dit-il ; j'ai encore beaucoup de choses à faire avant ce soir.

On passa dans la petite salle à manger de famille ; cette salle à manger donnait sur la cour, et personne ne pouvait, venant du dehors, entrer dans la cuisine sans passer devant la fenêtre par laquelle cette petite pièce recevait le jour.

Un couvert fut ajouté pour Pitou, que l'on plaça entre les deux femmes, le dos tourné à la fenêtre.

Si préoccupé que fût Pitou, il y avait chez lui un organe sur lequel la préoccupation n'influait jamais : c'était l'estomac. Il en résulta donc que Billot, malgré la perspicacité de son regard, ne put voir, au premier service, autre chose, dans son convive, que la satisfaction qu'il éprouvait à l'aspect d'une excellente soupe aux choux, et du plat de bœuf et de lard qui la suivit.

Il était évident, néanmoins, que Billot désirait savoir si c'était le hasard ou un dessein prémédité qui avait amené Pitou à la ferme.

Aussi, au moment où l'on enlevait le bœuf et le lard pour apporter un quartier d'agneau rôti, — plat auquel Pitou regardait faire son entrée avec une joie visible, — le fermier démasqua-t-il tout à coup ses batteries, et, s'adressant directement à Pitou :

— Et, maintenant, mon cher Pitou, lui demanda-t-il, maintenant que tu vois que tu es toujours le bien venu à la ferme, peut-on savoir ce qui t'attire aujourd'hui dans nos parages?

Pitou sourit, jeta un coup d'œil autour de lui, comme pour s'assurer qu'il n'y avait là ni regards indiscrets, ni oreilles dangereuses, et, relevant de sa main gauche la manche droite de sa veste :

— Voilà, père Billot, dit-il en montrant une vingtaine de collets en fil d'archal roulés comme un bracelet autour de son poignet.

— Ah! ah! dit le père Billot, tu as donc dépeuplé les garderies de Longpré et de Taille-Fontaine, que tu te rabats par ici?

— Ce n'est pas cela, monsieur Billot, dit naïvement Pitou ; mais, depuis le temps que j'ai affaire à ces gueux de lapins-là, je crois qu'ils reconnaissent mes collets, et qu'ils se détournent... J'ai donc décidé que je viendrais dire deux mots, cette nuit, à ceux du père Lajeunesse, qui sont moins malins et plus délicats, mangeant de la bruyère et du serpolet.

— Peste ! dit le fermier, je ne te savais pas si friand, maître Pitou !

— Oh ! ce n'est pas pour moi que je suis friand, dit Pitou ; c'est pour mademoiselle Catherine... Je me suis dit : « Comme elle vient d'être malade, elle a besoin de viande fine. »

— Oui, reprit Billot interrompant Pitou, tu as raison, car tu vois qu'elle n'a pas encore d'appétit.

Et il montra du doigt l'assiette blanche de Catherine, qui, après avoir mangé quelques cuillerées de soupe, n'avait touché ni au bœuf ni au lard.

— Je n'ai pas d'appétit, mon père, dit Catherine rougissant d'être interpellée ainsi, parce que j'ai mangé une grande tasse de lait avec du pain, avant que M. Pitou passât près de ma fenêtre, et que je l'appelasse.

— Je ne cherche point la cause pour laquelle tu as ou n'as pas d'appétit, dit Billot; je constate un fait, voilà tout.

Puis, à travers la fenêtre, jetant les yeux sur la cour :

— Ah! dit-il en se levant, voilà quelqu'un pour moi.

Pitou sentit le pied de Catherine s'appuyer vivement sur le sien; il se retourna de son côté, la vit pâle comme la mort, et lui indiquant des yeux la fenêtre donnant sur la cour.

Son regard suivit la direction du regard de Catherine, et il reconnut son vieil ami le père Clouïs, lequel passait devant la fenêtre le fusil à deux coups de Billot sur l'épaule.

Le fusil du fermier se distinguait des

autres en ce que sa sous-garde et ses capucines étaient d'argent.

— Ah! dit Pitou, qui ne voyait, dans tout cela, rien de bien effrayant, tiens, c'est le père Clouïs... il rapporte votre fusil, monsieur Billot.

— Oui, dit Billot en se rasseyant, et il dînera avec nous, s'il n'a pas dîné. — Femme, ajouta-t-il, ouvre la porte au père Clouïs.

La mère Billot se leva et alla ouvrir la porte, tandis que Pitou, les yeux fixés sur Catherine, se demandait quoi de terrible, dans ce qui se passait, pouvait occasionner sa pâleur.

Le père Clouïs entra ; il tenait, de la

même main, sur son épaule le fusil du fermier et un lièvre qu'il avait évidemment tué avec ce fusil.

On se rappelle que le père Clouïs avait reçu de M. le duc d'Orléans la permission de tuer, un jour, un lapin, et, un autre jour, un lièvre.

C'était, apparemment, le jour au lièvre.

Il porta sa seconde main, — celle qui n'était pas occupée, — à une espèce de bonnet de fourrure qu'il portait habituellement, et auquel il ne restait plus guère que la peau, tout éraflé qu'il était journellement par les fourrés dans lesquels passait le père Clouïs, à peu près aussi insensible aux épines qu'un sanglier l'est à son tiéran.

— Monsieur Billot et la compagnie, dit-il, j'ai l'honneur de vous saluer.

— Bonjour, papa Clouïs, répondit Billot ; allons, vous êtes homme de parole... merci.

— Oh! ce qui est convenu est convenu, monsieur Billot. Vous m'avez rencontré ce matin, et vous m'avez dit comme cela : « Père Clouïs, vous qui êtes un fin tireur, assortissez-moi donc une douzaine de balles au calibre de mon fusil, vous me rendrez service ; » à quoi, je vous ai répondu : « Pour quand vous faut-il ça, monsieur Billot ? » Vous m'avez dit : « Pour ce soir, sans faute ; » alors, j'ai dit: « C'est bon, vous l'aurez ; » et le voilà !

— Merci, père Clouïs, dit Billot ; vous allez dîner avec nous, n'est-ce pas ?

— Oh ! vous êtes bien honnête, monsieur Billot ; je n'ai besoin de rien.

Le père Clouïs croyait que la civilité exigeait, quand on lui offrait un siège, qu'il dît qu'il n'était pas fatigué, et, quand on l'invitait à diner, qu'il répondît qu'il n'avait pas faim.

Billot connaissait cela.

— N'importe, dit-il, mettez-vous toujours à table ; il y a à boire et à manger, et, si vous ne mangez pas, vous boirez.

Pendant ce temps, la mère Billot, avec la régularité et presque le silence d'un automate, avait posé sur la table une assiette, un couvert et une serviette.

Puis elle approcha une chaise.

— Dame! puisque vous le voulez absolument, dit le père Clouïs.

Et il alla porter le fusil dans un coin, posa son lièvre sur le rebord du buffet, et vint s'asseoir à table.

Il se trouvait placé juste en face de Catherine, qui le regardait avec terreur.

Le visage doux et placide du vieux garde semblait si peu fait pour inspirer ce sentiment, que Pitou ne pouvait se rendre compte des émotions que trahissait, non-seulement le visage de Catherine, mais encore le tremblement nerveux qui agitait tout son corps.

Cependant, Billot avait rempli le verre et l'assiette de son convive, lequel, quoiqu'il eût déclaré n'avoir besoin de rien, attaqua bravement l'un et l'autre.

— Ah! voilà un joli vin, monsieur Billot! fit-il, comme pour rendre hommage à la vérité, et un aimable agneau! Il paraît que vous êtes de l'avis du proverbe qui dit : « Il faut manger les agneaux trop jeunes, et boire le vin trop vieux? »

Personne ne répondit à la plaisanterie du père Clouïs, lequel, voyant que la conversation tombait, et se croyant, en sa qualité de convive, obligé de la soutenir, continua :

— Je me suis donc dit comme cela : « Ma foi, c'est aujourd'hui le tour des lièvres ; autant que je tue mon lièvre d'un côté de la forêt que d'un autre ; je vais donc aller tuer mon lièvre sur la garderie du père Lajeunesse... je verrai en même temps comment un fusil monté en argent porte la balle. » J'ai donc fondu treize balles, au lieu de douze... Ma foi, il la porte bien, la balle, votre fusil !

— Oui, je sais cela, répondit Billot, c'est une bonne arme !

— Tiens, douze balles! observa Pitou ; il y a donc un prix au fusil quelque part, monsieur Billot?

— Non, répondit Billot.

— Ah! c'est que je le connais, continua Pitou, *le monté en argent,* comme on l'appelle dans les environs ; je lui en ai vu faire, des siennes, à la fête de Boursonne, il y a deux ans! Tenez, c'est là qu'il a gagné le couvert d'argent avec lequel vous mangez, madame Billot, et la timbale dans laquelle vous buvez, mademoiselle Catherine... Oh! mais, s'écria Pitou effrayé, qu'avez-vous donc, mademoiselle?

— Moi?... rien! dit Catherine en rouvrant ses yeux à moitié fermés, et en se redressant sur sa chaise, contre le dos de laquelle elle s'était laissé aller à moitié évanouie.

— Catherine?... qu'est-ce que tu veux qu'elle ait? dit Billot en haussant les épaules.

— Justement, continua Clouïs, il faut vous dire que, dans la vieille ferraille, chez le père Montagnon l'armurier, j'ai retrouvé un moule... Ah! c'est que c'est rare, un moule comme il vous en faut un! ces diables de petits canons de Leclerc, ils sont presque tous du calibre de 24, ce qui ne les empêche pas de porter Dieu sait où! J'ai donc retrouvé un moule juste du calibre de votre fusil, un plus petit même ; mais cela ne fait rien ; au contraire : vous enveloppez la balle dans une peau graissée... Est-ce pour tirer à la course ou à coup posé?

— Je n'en sais rien encore, répondit Billot ; tout ce que je puis dire, c'est que c'est pour aller à l'affût.

— Ah! oui, je comprends, dit le père Clouïs, les sangliers de M. le duc d'Orléans, ils sont friands de vos parmentières, et vous vous êtes dit : « Autant dans le saloir, autant qui n'en mangent plus ! »

Il se fit un silence qui n'était troublé que par la respiration haletante de Catherine.

Les yeux de Pitou allaient du garde à Billot, et de Billot à sa fille.

Il cherchait à comprendre, et n'y arrivait pas.

Quant à la mère Billot, il était inutile de demander aucun éclaircissement à son visage; elle ne comprenait rien de ce qu'on disait, à bien plus forte raison de ce qu'on voulait dire.

— Ah! c'est que, continua le père Clouïs poursuivant sa pensée, c'est que, si les balles sont pour les sangliers, elles sont peut-être un peu bien petites, voyez-vous; ça a la peau dure, ces messieurs-là, sans compter que ça revient sur le chasseur... J'en ai vu, des sangliers, qui avaient cinq, six, huit balles entre cuir et chair, — et des balles de munition encore! de seize à la livre! — et qui ne s'en portaient que mieux...

— Ce n'est pas pour les sangliers, dit Billot.

Pitou ne put résister à sa curiosité.

— Pardon, monsieur Billot, dit-il; mais, si ce n'est pas pour tirer au prix, si ce n'est pas pour tirer sur les sangliers, pour tirer sur quoi est-ce donc alors?

— Pour tirer sur un loup, dit Billot.

— Oh! bien, si c'est pour tirer sur un loup, voilà votre affaire, dit le père Clouïs prenant les douze balles dans sa poche, et les transvasant dans une assiette où elles tombèrent en cliquetant ; quant à la treizième, elle est dans le ventre du lièvre... Ah ! je ne sais pas comment il porte le plomb, mais il porte joliment la balle, votre fusil !

Si Pitou eût regardé Catherine, il eût vu qu'elle était près de s'évanouir.

Mais, tout à ce que disait le père Clouïs, il ne regardait pas la jeune fille.

Aussi, lorsqu'il entendit le garde dire que la treizième balle était dans le ventre du lièvre, il ne put pas y résister, et se leva pour aller vérifier le fait.

— C'est, ma foi, vrai ! dit-il en fourrant son petit doigt dans le trou de la balle ;

c'est affaire à vous, père Clouïs... Regardez donc, monsieur Billot ; vous tirez bien, vous ; mais vous ne tuez pas encore les lièvres comme cela, à balle franche.

— Ah! dit Billot, peu importe! Du moment où l'animal sur lequel je tirerai est vingt fois gros comme un lièvre, j'espère que je ne le manquerai pas!

— Le fait est, dit Pitou, qu'un loup... Mais vous parlez de loups, il y en a donc dans le canton ? c'est étonnant, avant la neige!

— Oui, c'est étonnant, mais c'est comme cela, cependant.

— Vous êtes sûr, monsieur Billot?

— Très sûr ! répondit le fermier en regardant à la fois Pitou et Catherine, — ce qui était facile, puisqu'ils étaient placés l'un près de l'autre ; — le berger en a vu un ce matin.

— Où cela ? demanda naïvement Pitou.

— Sur la route de Paris à Boursonne, près du taillis d'Yvors.

— Ah ! fit Pitou, regardant à son tour Billot et Catherine.

— Oui, continua Billot avec la même tranquillité ; on l'avait déjà remarqué l'année dernière, et l'on m'avait prévenu... Quelque temps on l'a cru parti pour ne plus revenir ; mais...

— Mais? demanda Pitou.

— Mais il paraît qu'il est revenu, dit Billot, et qu'il s'apprête à tourner encore autour de la ferme... Voilà pourquoi j'ai dit au père Clouïs de me nettoyer mon fusil, et de me couler des balles.

C'était tout ce que pouvait supporter Catherine ; elle poussa une espèce de cri étouffé, se leva, et, toute trébuchante, se dirigea vers la porte.

Pitou, moitié naïf, moitié inquiet, se leva aussi, et, voyant Catherine chanceler, s'élança pour la soutenir.

Billot jeta un regard terrible du côté de la porte ; mais l'honnête visage de Pitou manifestait une trop grande expression d'étonnement pour qu'il pût soupçonner son propriétaire de complicité avec Catherine.

Sans s'inquiéter davantage ni de Pitou ni de sa fille, il poursuivit donc :

— Ainsi vous dites, père Clouïs, que, pour assurer le coup, il sera bon d'envelopper les balles dans un morceau de peau graissée ?

Pitou entendit encore cette question; mais il n'entendit pas la réponse, car, arrivé en ce moment dans la cuisine, où il venait de rejoindre Catherine, il sentit la jeune fille s'affaisser entre ses bras.

— Mais qu'avez-vous donc, mon Dieu !

qu'avez-vous donc? demanda-t-il tout effrayé.

— Oh! dit Catherine, vous ne comprenez donc pas?... Il sait qu'Isidore est arrivé ce matin à Boursonne, et il veut l'assassiner s'il approche de la ferme!

En ce moment, la porte de la salle à manger s'ouvrit, et Billot parut sur le seuil.

— Mon cher Pitou, dit-il d'une voix si dure qu'elle n'admettait pas de réplique, si tu es venu, en réalité, pour les lapins du père Lajeunesse, je crois qu'il est temps que tu ailles tendre tes collets... Tu comprends, plus tard, tu n'y verrais plus.

— Oui, monsieur Billot, dit humblement Pitou en jetant un double regard sur Catherine et sur Billot; j'étais venu pour cela, pas pour autre chose, je vous le jure.

— Eh bien, alors?

— Eh bien, alors, j'y vais, monsieur Billot.

Et il sortit par la porte de la cour, tandis que Catherine éplorée rentrait dans sa chambre, dont elle poussait le verrou derrière elle.

— Oui, murmura Billot, oui, enferme-toi, malheureuse! peu m'importe, car ce n'est pas de ce côté-ci que je me mettrai à l'affût.

IX

Le jeu de barres.

Pitou sortit de la ferme tout abasourdi. Seulement, aux paroles de Catherine, il avait vu jour dans tout ce qui avait été obscurité pour lui jusque-là, et le jour l'avait aveuglé.

Pitou savait ce qu'il avait voulu savoir, et même davantage.

Il savait que le vicomte Isidore de Charny était arrivé le matin à Boursonne, et que, s'il se hasardait à venir voir Catherine à la ferme, il courrait risque de recevoir un coup de fusil.

Car, il n'y avait plus de doute à garder, les paroles de Billot, paraboliques d'abord, s'étaient éclaircies aux seuls mots prononcés par Catherine. Ce loup qu'on avait vu, l'année dernière, rôder autour de la bergerie, que l'on croyait parti pour toujours, et que l'on avait revu le matin même près du taillis d'Yvors, sur la route de Paris à Boursonne, c'était le vicomte Isidore de Charny.

C'était à son intention que le fusil avait été nettoyé, c'était pour lui que les balles avaient été fondues.

Comme on le voit, cela devenait grave.

Pitou, qui avait quelquefois, et lorsque l'occasion l'exigeait, la force du lion, avait presque toujours la prudence du serpent. En contravention, depuis le jour où il avait atteint l'âge de raison, à l'endroit des gardes-champêtres, sous le nez desquels il allait dévaster les vergers fermés de haies ou les arbres fruitiers en plein champ; en contravention à l'endroit des gardes forestiers, sur les talons desquels il allait tendre ses gluaux et ses collets, il avait pris une habitude de réflexion profonde et de décision rapide, qui, dans tous les cas dangereux où il s'était trouvé, lui avait permis de se tirer d'affaire aux meilleures conditions possibles; cette fois donc, comme les autres, appelant à son secours la décision rapide, il se décida immédiatement à gagner le bois, situé à quatre-vingts pas de la ferme environ.

Le bois est un couvert, et, sous ce couvert où il est facile ce demeurer inaperçu, on peut réfléchir à son aise.

Dans cette occasion, Pitou, comme on le voit, avait interverti l'ordre ordinaire des choses, en mettant la décision rapide **avant** la réflexion profonde.

Mais Pitou, avec son intelligence instinctive, avait été au plus pressé, et, le plus pressé pour lui, c'était d'avoir un couvert.

Il s'avança donc vers la forêt d'un air aussi dégagé que si sa tête n'eût point porté un monde de pensées, et il atteignit le bois ayant eu la force de ne pas jeter un regard derrière lui.

Il est vrai que, lorsqu'il eût calculé qu'il était hors de vue de la ferme, il se baissa, comme pour boucler le sous-pied de sa guêtre, et, la tête entre ses deux jambes, il interrogea l'horizon.

L'horizon était libre et ne paraissait, pour le moment, offrir aucun danger.

Ce que voyant Pitou, il reprit la ligne verticale, et, d'un bond, se trouva dans la forêt.

La forêt, c'était le domaine de Pitou.

Là, il était chez lui ; là, il était libre ; là, il était roi !

Roi comme l'écureuil, dont il avait l'agilité; comme le renard, dont il avait les ruses; comme le loup, dont il avait les yeux qui voient pendant la nuit.

Mais, à cette heure, il n'avait besoin ni de l'agilité de l'écureuil, ni des ruses du renard, ni des yeux nyctalopes du loup.

Il s'agissait tout simplement pour Pitou de couper en diagonale la portion de bois dans laquelle il s'était enfoncé, et de revenir à cet endroit de la lisière de la forêt qui s'étendait dans toute la longueur de la ferme.

A soixante ou soixante-dix pas de distance, Pitou verrait tout ce qui se passerait; — avec soixante ou soixante-dix pas de distance, Pitou défiait tout être, quel qu'il fût, obligé de se servir, pour se mouvoir et attaquer, de ses pieds et de ses mains.

Il va sans dire qu'il défiait bien autrement un cavalier, quel que fût ce cavalier; il n'eût pu faire cent pas dans la forêt par les chemins où l'eût conduit Pitou.

Aussi, en forêt, Pitou n'avait pas de comparaison assez dédaigneuse pour dire combien il méprisait un cavalier.

Pitou se coucha tout de son long dans

une cépée, appuya son cou sur deux arbres jumeaux se séparant à leur tige, et réfléchit profondément.

Il réfléchit qu'il était de son devoir d'empêcher, autant qu'il serait en lui, le père Billot de mettre à exécution la terrible vengeance qu'il méditait.

Le premier moyen qui se présenta à l'esprit de Pitou fut de courir à Boursonne, et de prévenir M. Isidore du danger qui l'attendait, s'il se hasardait du côté de la ferme.

Mais, presque aussitôt, il réfléchit à deux choses :

La première, c'est qu'il n'avait pas

reçu de Catherine mission de faire cela ;

La seconde, c'est que le danger pourrait bien ne pas arrêter M. Isidore.

Puis, quelle certitude avait Pitou que le vicomte, dont l'intention était, sans doute, de se cacher, viendrait par la route frayée aux voitures, et non par quelques-uns de ces petits sentiers que suivent, pour raccourcir le chemin, les bûcherons et les ouvriers des bois ?

D'ailleurs, en allant à la recherche d'Isidore, Pitou abandonnait Catherine, et Pitou qui, à tout prendre, eût été fâché qu'il arrivât malheur au vicomte, eût été désespéré qu'il arrivât malheur à Catherine !

Ce qui lui parut le plus sage, ce fut donc d'attendre où il était, et de prendre, selon ce qui surviendrait, conseil des circonstances.

En attendant, ses yeux se braquèrent sur la ferme, fixes et brillants comme ceux d'un chat-tigre qui guette sa proie.

Le premier mouvement qui s'y opéra fut la sortie du père Clouïs.

Pitou le vit prendre congé de Billot sous la porte cochère, puis longer le mur en clopinant, et disparaître dans la direction de Villers-Cotterets, qu'il devait traverser ou contourner pour se rendre à sa hutte, distante d'une lieue et demie à peu près de Pisseleu.

Au moment où il sortit, le crépuscule commençait à tomber.

Comme le père Clouïs n'était qu'un personnage fort secondaire, une espèce de comparse dans le drame qui se jouait, Pitou n'attacha à lui qu'une attention médiocre, et, l'ayant, pour l'acquit de sa conscience, suivi du regard jusqu'au moment où il disparut à l'angle du mur, il ramena ses yeux sur le centre du bâtiment, c'est-à-dire là où s'ouvraient la porte cochère et les fenêtres.

Au bout d'un instant, une des fenêtres s'éclaira : c'était celle de la chambre de Billot.

De l'endroit où était Pitou, le regard

plongeait parfaitement dans la chambre ; Pitou put donc voir Billot, rentré chez lui, charger son fusil avec toutes les précautions recommandées par le père Clouïs.

Pendant ce temps, la nuit achevait de tomber.

Billot, son fusil une fois chargé, éteignit sa lumière et tira les deux volets de sa fenêtre, mais de façon à les garder entrebâillés, pour que, sans doute, son regard pût observer les alentours.

De la fenêtre de Billot, située au premier, nous croyons l'avoir déjà dit, on ne voyait pas, à cause d'un coude formé par les murs de la ferme, la fenêtre de la chambre de Catherine, située au rez-de-chaussée ; mais on découvrait entièrement le chemin de Boursonne et tout le cercle de la forêt qui s'arrondit de la montagne de La Ferté-Milon à ce que l'on appelle les taillis d'Yvors.

Tout en ne voyant pas la fenêtre de Catherine, en supposant que Catherine sortît par cette fenêtre, et essayât de gagner le bois, Billot pouvait donc l'apercevoir, du moment où elle entrerait dans le rayon embrassé par son regard.

Seulement, comme la nuit allait de plus en plus s'épaississant, Billot verrait une femme, pourrait se douter que cette femme est Catherine, mais ne pourrait pas la reconnaître d'une manière certaine pour être Catherine.

Nous faisons d'avance toutes ces remarques parce que c'étaient celles que se faisait Pitou.

Pitou ne doutait point que, la nuit tout à fait venue, Catherine ne tentât une sortie afin de prévenir Isidore.

Sans perdre entièrement de vue la fenêtre de Billot, ce fut donc sur celle de Catherine que ses yeux se fixèrent plus particulièrement.

Pitou ne se trompait pas : lorsque la nuit eut atteint un degré d'obscurité qui parut suffisant à la jeune fille, Pitou, pour lequel, nous l'avons dit, il n'y avait pas d'obscurité, vit s'ouvrir lentement le volet de Catherine, puis celle-ci enjamber l'appui de la fenêtre, repousser le volet, et se glisser tout le long de la muraille.

Il n'y avait pas de danger pour la jeune fille d'être vue tant qu'elle suivrait cette ligne, et, en supposant qu'elle eût eu affaire à Villers-Cotterets, elle eût pu y arriver inaperçue ; mais, si, au contraire, elle avait affaire du côté de Boursonne, il lui fallait absolument entrer dans le rayon que le regard embrassait de la fenêtre de son père.

Arrivée au bout du mur, elle hésita pendant quelques secondes, de sorte que Pitou eut un instant l'espérance que c'était à Villers-Cotterets, et non à Boursonne, qu'elle allait ; mais, tout à coup, cette hésitation cessa, et, se courbant pour se dérober autant qu'elle pouvait aux yeux, elle traversa le chemin, et se jeta dans une petite sente rejoignant la forêt par une courbe qui se continuait sous le bois et allait tomber, à un quart de lieue à peu près, dans le chemin de Boursonne.

Cette sente aboutissait à un petit carrefour appelé le carrefour de Bourg-Fontaine.

Une fois Catherine dans la sente, le chemin qu'elle allait suivre et l'intention qui la conduisait étaient si clairs pour Pitou, qu'il ne s'occupa plus d'elle, mais seulement de ces volets entr'ouverts par lesquels, comme à travers la meurtrière d'une citadelle, le regard plongeait d'une extrémité à l'autre du bois.

Tout ce rayon embrassé par le regard de Billot était, à part un berger dressant son parc, parfaitement solitaire.

Il en résulta que, dès que Catherine entra dans ce rayon, quoique son mantelet noir la rendît à peu près invisible, elle ne put, cependant, échapper au regard perçant du fermier.

Pitou vit les volets s'entrebâiller, la tête de Billot passer par l'entrebâillement, et demeurer un instant fixe et immobile, comme s'il eût douté, dans ces ténèbres, du témoignage de ses yeux ; mais les chiens du berger ayant couru dans la direction de cette ombre, et, après avoir donné quelques coups de gueule, étant revenus vers leur maître, Billot ne douta plus que cette ombre ne fût Catherine.

Les chiens, en s'approchant d'elle, l'avaient reconnue, et avaient cessé d'aboyer en la reconnaissant.

Il va sans dire que tout cela se traduisait, pour Pitou, aussi clairement que s'il eût été d'avance au courant des divers incidents de ce drame.

Il s'attendait donc à voir se refermer les volets de la chambre de Billot, et à voir s'ouvrir la porte cochère.

En effet, au bout de quelques secondes, la porte s'ouvrit, et, comme Catherine atteignait la lisière du bois, Billot, son fusil sur l'épaule, franchissait le seuil de la porte, et s'avançait à grands pas vers la forêt, suivant ce chemin de Boursonne, où devait aboutir, après un demi-quart de lieue, la sente suivie par Catherine.

Il n'y avait pas un instant à perdre pour que, dans dix minutes, la jeune fille ne se trouvât point en face de son père.

Ce fut ce que comprit Pitou.

Il se releva, bondit à travers les taillis comme un chevreuil effarouché, et, coupant diagonalement la forêt dans le sens inverse de sa première course, il se trouva au bord du sentier au moment où l'on entendait déjà les pas pressés et la respiration haletante de la jeune fille.

Pitou s'arrêta caché derrière le tronc d'un chêne.

Au bout de dix secondes, Catherine passait à la portée de la main de ce chêne.

Pitou se démasqua, barra le chemin à la jeune fille, et se nomma du même coup.

Il avait jugé nécessaire cette unité d'une triple action pour ne pas trop épouvanter Catherine.

En effet, elle ne jeta qu'un faible cri, et, s'arrêtant toute tremblante moins de l'émotion présente que de l'émotion passée :

— Vous, monsieur Pitou, ici !... Que me voulez-vous ? dit elle.

— Pas un pas de plus, au nom du ciel, mademoiselle! dit Pitou en joignant les mains.

— Et pourquoi cela?

— Parce que votre père sait que vous êtes sortie, parce qu'il suit la route de Boursonne avec son fusil, parce qu'il vous attend au carrefour de Bourg-Fontaine!

— Mais lui, lui! dit Catherine presque égarée, il ne sera donc pas prévenu?

Et elle fit un mouvement pour continuer son chemin.

— Le sera-t-il davantage, dit Pitou, lorsque votre père vous aura barré la route?

— Que faire?

— Venez, mademoiselle Catherine, rentrez dans votre chambre; je me mettrai en embuscade aux environs de votre fenêtre, et, lorsque je verrai M. Isidore, je le préviendrai.

— Vous ferez cela, cher monsieur Pitou?

— Pour vous, je ferai tout, mademoiselle Catherine... Ah! c'est que je vous aime bien, moi, allez!

Catherine lui serra les mains.

Puis, au bout d'une seconde de réflexion :

— Oui, vous avez raison, dit-elle, ramenez-moi.

Et, comme les jambes commençaient à lui manquer, elle passa son bras sous celui de Pitou, qui lui fit reprendre, lui marchant, elle courant, le chemin de la ferme.

Dix minutes après, Catherine rentrait chez elle sans avoir été vue, et refermait sa fenêtre derrière elle, tandis que Pitou lui montrait le groupe de saules dans lequel il allait veiller et attendre.

X

L'affût au loup.

Ce groupe de saules placé sur une petite hauteur, à vingt ou vingt-cinq pas de la fenêtre de Catherine, dominait une espèce de fossé où passait, encaissé à la profondeur de sept ou huit pieds, un filet d'eau courante.

Ce ruisseau, qui tournait comme le

chemin, était ombragé de place en place de saules pareils à ceux qui formaient le groupe dont nous avons parlé, c'est-à-dire d'arbres semblables, la nuit surtout, à ces nains qui portent, sur un petit corps, une grosse tête ébouriffée.

C'était dans le dernier de ces arbres creusés par le temps que Pitou apportait, tous les matins, les lettres de Catherine, et que Catherine allait les prendre, quand elle avait vu son père s'éloigner et disparaître dans une direction opposée.

Au reste, Pitou de son côté et Catherine du sien avaient toujours usé de tant de précautions, que ce n'était point par là que la mèche avait été éventée ; c'était par un pur hasard qui avait, le matin même, placé le berger de la ferme sur le chemin d'Isidore. Le berger avait annoncé, comme une nouvelle sans importance, le retour du vicomte; ce retour caché, qui avait eu lieu à cinq heures du matin, avait paru plus que suspect à Billot. Depuis son retour de Paris, depuis la maladie de Catherine, depuis la recommandation que lui avait faite le docteur Raynal de ne pas entrer dans la chambre de la malade tant qu'elle aurait le délire, il avait été convaincu que le vicomte de Charny était l'amant de sa fille; et, comme il ne voyait au bout de cette liaison que le déshonneur, puisque M. le vicomte de Charny n'épouserait point Catherine, il avait résolu d'ôter à ce déshonneur ce qu'il avait de honteux en le faisant sanglant.

De là tous ces détails que nous avons racontés, et qui, insignifiants aux regards non prévenus, avaient pris une si terrible importance aux yeux de Catherine, et, après l'explication donnée par Catherine, aux yeux de Pitou.

On a vu que Catherine, tout en devinant le projet de son père, n'avait tenté de s'y opposer qu'en prévenant Isidore, démarche dans laquelle heureusement Pitou l'avait arrêtée, puisque, au lieu d'Isidore, c'eût été son père qu'elle eût rencontré sur le chemin.

Elle connaissait trop le caractère terrible du fermier pour rien essayer à l'aide de prières et de supplications; c'eût été hâter l'orage, voilà tout, provoquer la foudre, au lieu de la détourner.

Empêcher un choc entre son amant et son père, c'était tout ce qu'elle ambitionnait.

Oh! comme elle eût ardemment désiré en ce moment que cette absence dont elle avait cru mourir se fût prolongée! comme elle eût béni la voix qui fût venue lui dire : « Il est parti... » cette voix eût-elle ajouté : « Pour jamais! »

Pitou avait compris tout cela aussi bien que Catherine ; voilà pourquoi il s'était offert à la jeune fille comme intermédiaire. Soit que le vicomte vînt à pied, soit qu'il vînt à cheval, il espérait l'entendre ou le voir à temps, s'élancer au-devant de lui, en deux mots le mettre au courant de la situation, et le déterminer à fuir en lui promettant des nouvelles de Catherine pour le lendemain.

Pitou se tenait donc collé à son saule comme s'il eût fait partie de la famille végétale au milieu de laquelle il se trouvait, appliquant tout ce que ses sens avaient d'habitude de la nuit, des plaines et des bois, pour distinguer une ombre ou percevoir un son.

Tout à coup, il lui sembla entendre derrière lui, venant de la forêt, le bruit du pas heurté d'un homme qui marche dans les sillons ; comme ce pas lui parut trop lourd pour être celui du jeune et élégant vicomte, il tourna lentement et d'une façon presque insensible autour de son saule, et, à trente pas de lui, il aperçut le fermier son fusil sur l'épaule.

Il avait attendu, comme le prévoyait Pitou, au carrefour de Bourg-Fontaine ; mais, ne voyant déboucher personne par la sente, il avait cru s'être trompé, et il revenait se mettre à l'affût, ainsi qu'il l'avait dit lui-même, en face de la fenêtre de Catherine, convaincu que c'était par cette fenêtre que le vicomte de Charny tenterait de s'introduire chez elle.

Malheureusement, le hasard voulait

qu'il eût choisi pour son embuscade le même groupe de saules où venait de se blottir Pitou.

Pitou devina l'intention du fermier. Il n'y avait pas à lui disputer la place : il se laissa couler le long du talus, et disparut dans le fossé, la tête cachée sous les racines saillantes du saule contre lequel Billot vint s'appuyer.

Mais, il faut le dire à l'honneur de l'admirable nature de notre héros, c'était moins son danger personnel qui le préoccupait que le désespoir de manquer, malgré lui, de parole à Catherine.

Si M. de Charny venait, et qu'il arrivât

malheur à M. de Charny, que penserait-elle de Pitou?

Qu'il l'avait trahie peut-être!

Pitou eût préféré la mort à cette idée que Catherine pouvait penser qu'il l'avait trahie.

Mais il n'y avait rien à faire qu'à rester où il était, et surtout à y rester immobile; le moindre mouvement l'eût dénoncé...

Un quart-d'heure s'écoula sans que rien vînt troubler le silence de la nuit. Un dernier espoir restait à Pitou, c'est que, si, par bonheur, le vicomte venait tard, Billot s'impatienterait d'attendre, douterait de sa venue, et rentrerait chez lui.

Mais, tout à coup, Pitou, qui, par sa position avait l'oreille appuyée contre la terre, crut entendre le galop d'un cheval; ce cheval, si c'en était un, devait venir par la petite sente qui aboutissait au bois.

Bientôt il n'y eut plus de doute que ce ne fût un cheval; il traversa le chemin à soixante pas à peu près du groupe de saules; on entendit les pieds de l'animal retentir sur le cailloutis, et l'un de ses fers ayant heurté un pavé, en tira quelques étincelles.

Pitou vit le fermier s'incliner au-dessus

de sa tête pour tâcher de distinguer dans l'obscurité.

Mais la nuit était si noire, que l'œil de Pitou lui-même, tout habile qu'il était à percer les ténèbres, ne vit qu'une espèce d'ombre bondissant par-dessus le chemin, et disparaissant à l'angle de la muraille de la ferme.

Pitou ne douta pas un instant que ce ne fût Isidore ; mais il espéra que le vicomte avait, pour pénétrer dans la ferme, une autre entrée que celle de la fenêtre.

Billot le craignit, car il murmura quelque chose comme un blasphême.

Puis il se fit dix minutes d'un silence effrayant.

Au bout de ces dix minutes, Pitou, grâce à l'acuité de sa vue, distingua une forme humaine à l'extrémité de la muraille.

Le cavalier avait attaché son cheval à quelque arbre, et revenait à pied.

La nuit était si obscure, que Pitou espéra que Billot ne verrait pas cette espèce d'ombre, ou la verrait trop tard.

Il se trompait : Billot la vit, car Pitou entendit par deux fois, au-dessus de sa tête, le bruit sec que fait en s'armant le chien d'un fusil.

L'homme qui se glissait entre la muraille entendit sans doute aussi ; de son côté, ce bruit auquel ne se trompe pas l'oreille d'un chasseur, car il s'arrêta, essayant de percer l'obscurité du regard, mais c'était chose impossible.

Pendant cette halte d'une seconde, Pitou vit se lever au-dessus du fossé le canon du fusil; mais, sans doute, à cette distance, le fermier n'était-il pas sûr de son coup, ou peut-être craignait-il de commettre quelque erreur, car le canon, qui s'était levé avec rapidité, s'abaissa lentement.

L'ombre reprit son mouvement, et continua de se glisser contre la muraille.

Elle s'approchait visiblement de la fenêtre de Catherine.

Cette fois, c'était Pitou qui entendait battre le cœur de Billot.

Pitou se demandait ce qu'il pouvait faire, par quel cri il pouvait avertir le malheureux jeune homme, par quel moyen il pouvait le sauver.

Mais rien ne se présentait à son esprit, et, de désespoir, il s'enfonçait les mains dans les cheveux!

Il vit se lever le canon du fusil une seconde fois; mais, une seconde fois, le canon s'abaissa.

La victime était encore trop éloignée.

Il s'écoula une demi-minute à peu près pendant laquelle le jeune homme fit les vingt pas qui le séparaient encore de la fenêtre.

Arrivé à la fenêtre, il frappa doucement trois coups à intervalles égaux.

Cette fois, il n'y avait plus de doute : c'était bien un amant, et cet amant venait bien pour Catherine.

Aussi, une troisième fois, le canon du fusil se leva, tandis que, de son côté, Catherine, reconnaissant le signal habituel, entr'ouvrait sa fenêtre.

Pitou, haletant, sentit en quelque sorte se détendre le ressort du fusil ; le bruit de la pierre contre la batterie se fit entendre, une lueur pareille à celle d'un éclair illumina le chemin ; mais aucune explosion ne suivit cette lueur.

L'amorce seule avait brûlé.

Le jeune gentilhomme vit le danger qu'il venait de courir, et fit un mouvement pour marcher droit sur le feu ; mais Catherine étendit le bras, et, l'attirant à elle :

— Malheureux ! dit-elle à voix basse, c'est mon père !... il sait tout... viens !

Et, avec une force surhumaine, elle l'aida à franchir la fenêtre, dont elle tira le volet derrière lui.

Il restait au fermier un second coup à tirer ; mais les deux jeunes gens étaient tellement enlacés l'un à l'autre, que, sans doute, en tirant sur Isidore, il craignait de tuer sa fille.

— Oh! murmura-t-il, il faudra bien qu'il sorte, et, en sortant, je ne le manquerai pas!

En même temps, avec l'épinglette de sa poudrière, il débouchait la lumière du fusil, et amorçait de nouveau, pour que ne se renouvelât point l'espèce de miracle auquel Isidore devait la vie.

Pendant cinq minutes, tout bruit resta suspendu, même celui de la respiration de Pitou et du fermier, même celui du battement de leurs cœurs.

Tout à coup, au milieu du silence, les

aboiements des chiens à l'attache retentirent dans la cour de la ferme.

Billot frappa du pied, écouta un instant encore, et, frappant du pied de nouveau :

— Ah! dit-il, elle le fait fuir par le verger... c'est contre lui que les chiens aboient !

Et, bondissant par-dessus la tête de Pitou, il retomba de l'autre côté du fossé, et, malgré la nuit, grâce à la connaissance qu'il avait des localités, il disparut avec la rapidité de l'éclair à l'angle de la muraille.

Il espérait arriver de l'autre côté de la ferme en même temps qu'Isidore.

Pitou comprit la manœuvre. Avec l'intelligence de l'homme de la nature, il s'élança à son tour hors du fossé, traversa le chemin en ligne directe, alla droit à la fenêtre de Catherine, tira à lui le contrevent, qui s'ouvrit, entra dans la chambre vide, gagna la cuisine, éclairée par une lampe, s'engagea dans le passage qui conduisait au verger, et, arrivé là, grâce à cette faculté qu'il avait de distinguer dans les ténèbres, il vit deux ombres : l'une qui enjambait la muraille, et l'autre qui, au pied de cette muraille, se tenait debout et les bras tendus.

Mais, avant de s'élancer de l'autre côté du mur, le jeune homme, se retournant une dernière fois :

— Au revoir, Catherine, dit-il ; n'oublie pas que tu es à moi !

— Oh ! oui, oui, répondit la jeune fille ; mais pars ! pars !

— Oh ! oui, partez, partez, monsieur Isidore ! cria Pitou, partez !

On entendit le bruit que fit le jeune homme en tombant à terre, puis le hennissement de son cheval, qui le reconnut ; puis les élans rapides de l'animal, poussé sans doute par l'éperon ; puis un premier coup de feu, puis un second.

Au premier, Catherine jeta un cri, et fit un mouvement comme pour s'élancer au secours d'Isidore ; au second, elle poussa un soupir, et, la force lui manquant, elle tomba entre les bras de Pitou.

Celui-ci, le cou tendu, prêta l'oreille pour savoir si le cheval continuait sa course avec la même rapidité qu'avant le coup de feu, et, ayant entendu le galop de l'animal qui s'éloignait sans se ralentir :

— Bon ! dit-il sentencieusement, il y a de l'espoir... on ne vise pas aussi bien la nuit que le jour, et la main n'est pas aussi sûre quand on tire sur un homme que quand on tire sur un loup ou sur un sanglier.

Et, soulevant Catherine, il voulut l'emporter dans ses bras.

Mais celle-ci, par un puissant effort de volonté, rappelant toutes ses forces, se laissa glisser à terre, et, arrêtant Pitou par le bras :

— Où me mènes-tu? demanda-t-elle.

— Mais, mademoiselle, dit Pitou tout étonné, je vous reconduis à votre chambre.

— Pitou, fit Catherine, as-tu un endroit où me cacher?

— Oh! quant à cela, oui, mademoiselle, dit Pitou ; et, si je n'en ai pas, j'en trouverai.

— Alors, dit Catherine, emmène-moi.

— Mais la ferme ?

— Dans cinq minutes, je l'espère, j'en serai sortie pour n'y plus rentrer !

— Mais votre père ?

— Tout est rompu entre moi et l'homme qui a voulu tuer mon amant !

— Mais, cependant, mademoiselle.... hasarda Pitou.

— Ah ! refuses-tu de m'accompagner, Pitou ? demanda Catherine en abandonnant le bras du jeune homme.

— Non, mademoiselle Catherine, Dieu m'en garde !

— Eh bien! alors, suis-moi.

Et Catherine, marchant la première, passa du verger dans le potager.

A l'extrémité du potager était une petite porte donnant sur la plaine de Noue.

Catherine l'ouvrit sans hésitation, prit la clef, referma la porte à double tour derrière elle et Pitou, et jeta la clef dans un puits adossé à la muraille.

Puis, d'un pas ferme, à travers terres, elle s'éloigna appuyée au bras de Pitou, et tous deux disparurent bientôt dans la vallée qui s'étend du village de Pisseleu à la ferme de Noue.

Nul ne les vit partir, et Dieu seul sut où Catherine trouva le refuge que lui avait promis Pitou.

XI

Où l'orage a passé.

Il en est des orages humains comme des ouragans célestes ; le ciel se couvre, l'éclair luit, le tonnerre gronde, la terre semble vacillante sur son axe ; il y a un moment de paroxysme terrible où l'on croit à l'anéantissement des hommes et des choses, où chacun tremble, frémit, lève les mains au Seigneur, comme vers la seule bonté, comme vers l'unique miséricorde ; puis, peu à peu, le calme se fait, la nuit se dissipe, le jour revient, le soleil renaît, les fleurs se rouvrent, les arbres se redressent, les hommes vont à leurs affaires, à leurs plaisirs, à leurs amours, la vie rit et chante sur le bord des chemins et au seuil des portes, et l'on ne s'inquiète pas du désert partiel qui s'est fait là où le tonnerre est tombé !

Il en fut de même pour la ferme : toute la nuit, il y eut sans doute un orage terrible dans le cœur de cet homme qui avait résolu et mis à exécution son projet de vengeance ; quand il s'aperçut de la fuite de sa fille, quand il cherchа en vain dans l'ombre la trace de ses pas, lorsqu'il l'appela d'abord avec la voix de la colère, puis avec celle de la supplication, puis avec celle du désespoir, et qu'à aucune de ces voix elle ne répondit, il se brisa certainement quelque chose de vital dans cette puissante organisation ; mais, enfin, quand, à cet orage de cris et de menaces qui avait eu son éclair et sa foudre comme un orage céleste, eut succédé le silence de l'épuisement; quand les chiens, n'ayant plus de cause de trouble, eurent cessé de hurler ; quand une pluie mêlée de grêle eut effacé une trace de sang qui, pareille à une ceinture à moitié dénouée, entourait tout un côté de la ferme ; quand le temps, cet insensible et muet témoin de tout ce qui s'accomplit ici-bas, eut secoué dans l'air sur les ailes frissonnantes du bronze les dernières heures de la nuit, les choses reprirent leur cours habituel : la porte cochère cria sur ses gonds rouillés ; les journaliers en sortirent, les uns pour aller à la semence, les autres pour aller à la herse, les autres pour aller à la charrue ; puis Billot parut à son tour croisant la plaine dans tous les sens ; puis, enfin, le jour vint, le reste du village s'éveilla, et quelques-uns qui avaient moins bien dormi que les autres dirent d'un air moitié curieux et moitié insouciant :

— Les chiens du père Billot ont rudement hurlé cette nuit, et l'on a entendu deux coups de fusil derrière la ferme.

Ce fut tout.

Ah! si, nous nous trompons.

Lorsque le père Billot rentra, comme d'habitude, à neuf heures, pour déjeuner, sa femme lui demanda :

— Dis donc, notre homme, où est Catherine, sais-tu?

— Catherine, répondit le fermier avec un effort, l'air de la ferme lui était mauvais, et elle est partie pour aller en Sologne chez sa tante.

— Ah! fit la mère Billot, et y restera-t-elle longtemps chez sa tante?

— Tant qu'elle n'ira pas mieux, répondit le fermier.

La mère Billot poussa un soupir, et éloigna d'elle sa tasse de café au lait.

Le fermier, de son côté, voulut faire un effort pour manger; mais, à la troisième bouchée, comme si cette nourriture l'étouffait, il prit la bouteille de bourgogne par le goulot, la vida d'un trait.

Puis, d'une voix rauque :

— On n'a pas dessellé mon cheval, j'espère? demanda-t-il.

— Non, monsieur Billot, répondit la voix timide d'un enfant qui venait, la main tendue, chercher son déjeuner tous les matins à la ferme.

— Bien.

Et le fermier, écartant brusquement le pauvre petit, monta sur son cheval, et le poussa dans les champs, tandis que sa femme, en essuyant deux larmes, allait, sous le manteau de la cheminée, reprendre sa place habituelle.

Et, moins cet oiseau chanteur, moins cette fleur riante qui, sous les traits d'une jeune fille, égaie et embaume les vieilles murailles, la ferme se retrouva aller, dès le lendemain, comme elle avait été la veille.

De son côté, Pitou vit se lever le jour dans sa maison d'Haramont, et ceux qui entrèrent chez lui à six heures du matin le trouvèrent éclairé par une chandelle qui paraissait brûler depuis longtemps, si l'on devait en croire sa mèche élancée, et, mettant au net, pour l'envoyer à Gilbert, avec toutes pièces à l'appui, un compte de l'emploi qui avait été fait des vingt-cinq louis qu'il avait donnés pour l'habillement et l'équipement de la garde nationale d'Haramont.

Il est vrai qu'un bûcheron dit l'avoir vu, vers minuit, portant quelque chose de lourd, et qui avait l'air d'une femme entre ses bras, et descendant les rampes qui conduisaient à l'ermitage du père

Clouïs ; mais ce n'était qu'une probabilité ; attendu que le père Lajeunesse l'avait vu courant à toutes jambes, vers une heure du matin, sur la route de Boursonne ; tandis que Maniquet, qui demeurait tout au bout du village du côté de Longpré, prétendit qu'à deux heures ou deux heures et demie, il l'avait vu passer devant sa porte, et lui avait crié : « Bonsoir, Pitou ! » politesse à laquelle Pitou aurait répondu en criant de son côté : « Bonsoir, Maniquet ! »

Il n'y avait donc point à douter que Maniquet n'eût vu Pitou à deux heures ou deux heures et demie.

Mais, pour que le bûcheron eût vu

Pitou aux environs de la pierre Clouïse, portant entre ses bras, et à minuit, quelque chose de lourd et ressemblant à une femme ;

Pour que le père Lajeunesse eût vu Pitou courant à toutes jambes, vers une heure du matin, sur la route de Boursonne ;

Pour que Maniquet eût dit bonsoir à Pitou, passant devant sa porte à deux heures ou deux heures et demie du matin ;

Il eût fallu que Pitou, que nous avons perdu de vue avec Catherine, vers dix heures et demie ou onze heures du soir, dans les ravins qui séparent le village de Pisseleu de la ferme de Noue, eût été, de là, à la pierre Clouïse, c'est-à-dire eût fait une lieue et demie à peu près ; puis fût revenu de la pierre Clouïse à Boursonne, c'est-à-dire eût fait deux autres lieues ; puis fût revenu de Boursonne à la pierre Clouïse; puis, enfin, fût allé de la pierre Clouïse chez lui ; — ce qui supposerait que, pour mettre Catherine en sûreté d'abord, pour aller prendre des nouvelles du vicomte ensuite, et, après, donner des nouvelles du vicomte à Catherine, il aurait fait, entre onze heures du soir et deux heures et demie du matin, quelque chose comme huit ou neuf lieues ; or, la supposition ne serait pas admissible même pour un de ces coureurs princiers auxquels les gens du peuple prétendaient autrefois qu'on avait enlevé la rate ; mais ce tour de force n'eût, à tout prendre, que médiocrement étonné ceux qui avaient été une seule fois à même d'apprécier les facultés locomotives de Pitou.

Toutefois, comme Pitou ne dit à personne les secrets de cette nuit où il avait paru doué du don d'ubiquité, il en résulta qu'à part Désiré Maniquet, au bonsoir duquel il avait répondu, ni le bûcheron ni le père Lajeunesse n'eussent osé affirmer sous la foi du serment que c'était bien Pitou en personne, et non une ombre, un spectre, un fantôme ayant pris la ressemblance de Pitou, qu'ils avaient vu dans les fonds de la pierre Clouïse, et sur la route de Boursonne.

Tant il y a qu'à six heures du matin, le lendemain, comme Billot montait à cheval pour visiter ses champs, Pitou était vu relevant, sans apparence de fatigue ni d'inquiétude, les comptes du tailleur Dulauroy, auxquels il adjoignait, comme pièces probantes, les reçus de ses trente-trois hommes.

Il y avait encore une autre personne de notre connaissance qui avait assez mal dormi cette nuit-là.

C'était le docteur Raynal.

A une heure du matin, il avait été réveillé par le laquais du vicomte de

Charny, qui tirait sa sonnette à toute volée.

Il avait été ouvrir lui-même, comme c'était l'habitude, quand retentissait la sonnette de nuit.

Le laquais du vicomte le venait chercher pour un accident grave arrivé à son maître.

Il tenait en main un second cheval tout sellé, afin que le docteur Raynal ne fût point retardé d'un seul instant.

Le docteur s'habilla en un tour de main, enfourcha le cheval, et partit au galop, précédé du laquais, marchant devant lui comme un courrier.

Quel était l'accident, il le saurait en arrivant au château; seulement, il était invité à prendre ses instruments de chirurgie.

L'accident était une blessure au flanc gauche et une égratignure à l'épaule droite, faites par deux balles qui paraissaient du même calibre, c'est à dire du calibre 24.

Mais de détails sur l'évènement, le vicomte n'en voulait donner aucun.

L'une des deux blessures, — celle du flanc, — était sérieuse, mais, cependant, ne présentait nul danger : la balle avait traversé les chairs sans attaquer d'organe important.

Quant à l'autre blessure, ce n'était point la peine de s'en occuper.

Le pansement fait, le jeune homme

donna vingt-cinq louis au docteur pour qu'il gardât le silence.

— Si vous voulez que je garde le silence, il faut me payer ma visite au prix ordinaire, répondit le brave docteur, c'est-à-dire une pistole.

Et, prenant un louis, il rendit sur ce louis quatorze livres au vicomte, lequel insista inutilement pour lui faire accepter davantage ; il n'y eut pas moyen.

Seulement, le docteur Raynal annonça qu'il croyait trois visites nécessaires, et, qu'en conséquence il reviendrait le surlendemain et le surlendemain de ce surlendemain.

A sa seconde visite, le docteur trouva son malade debout ; à l'aide d'une ceinture qui lui maintenait l'appareil contre la blessure, il avait pu, dès le lendemain, monter à cheval comme si rien ne lui fût arrivé, de sorte que tout le monde, excepté son laquais de confiance, ignorait l'accident.

A la troisième visite, le docteur Raynal trouva son malade parti, ce qui fit que, pour cette visite sans résultat, il ne voulut accepter qu'une demi-pistole.

Le docteur Raynal était un de ces rares médecins qui sont dignes d'avoir dans leur salon la fameuse gravure représentant *Hippocrate refusant les présents d'Artaxercès.*

FIN DU SIXIÈME VOLUME.

TABLE

DU SIXIÈME VOLUME.

Chap. I. Pitou garde-malade.   1
    II. Pitou confident. 27
    III. Pitou géographe. 65
    IV. Pitou capitaine d'habillement. 95
    V. Où l'abbé Fortier donne une nouvelle preuve de son esprit contre révolutionnaire 117
    VI. La Déclaration des Droits de l'homme. . . 161
    VII. Sous la fenêtre. 194
    VIII. Le père Clouïs reparaît sur la scène. . . 217
    IX. Le jeu de barres 245
    X. L'affût au loup. 269
    XI. Où l'orage a passé 295

Sceaux. Impr. de E. Dépée.

SOUS PRESSE.

LE CHEVALIER D'ESTAGNOL, Par LE MARQUIS DE FOUDRAS.

LE NEUF DE PIQUE, Par Mme LA COMTESSE DASH.

MÉMOIRES D'UN VIEUX GARÇON, Par MAXIMILIEN PERRIN.

LE SULTAN DU QUARTIER, Par A. DE GONDRECOURT.

INGÉNUE, Par ALEXANDRE DUMAS.

LES OISEAUX DE NUIT, Par XAVIER DE MONTÉPIN.

SOUS L'ÉBÉNIER, Par ALEXANDRE DUMAS.

LA CHASSE AUX DIAMANTS, Par A. DE GONDRECOURT.

LES PRINCES D'ÉBÈNE, Par G. DE LA LANDELLE.

Imp. de E. Dépée à Sceaux.

www.ingramcontent.com/pod-product-compliance
Lightning Source LLC
Chambersburg PA
CBHW060653170426
43199CB00012B/1770